Manual del Product Ma

GW01417628

Si está interesado en recibir información sobre libros empresariales, envíe su tarjeta de visita a:

Gestión 2000
Departamento de promoción
Comte Borrell, 241
08029 Barcelona
Fax (93) 410 96 45
e-mail: info@gestion2000.com

Y la recibirá sin compromiso alguno por su parte.

Hubert Kratiroff

Manual del Product Manager

GESTIÓN 2000

Quedan rigurosamente prohibidas, sin la autorización escrita de los titulares del «Copyright», bajo las sanciones establecidas en las Leyes, la reproducción total o parcial de esta obra por cualquier medio o procedimiento, comprendidos la reprografía y el tratamiento informático y la distribución de ejemplares de ella mediante alquiler o préstamo públicos.

Título original: "Fonction Chef de Produit"
Autor: Hubert Kratiroff
© Dunod, París, 1996

© para la edición en lengua castellana
Ediciones Gestión 2000, S.A., Barcelona, 1997
1.ª edición: Diciembre 1997
Dep. Leg.: B.-48708-1997
ISBN: 84-8088-200-X
Traducción: Aida Santapau
Fotocomposición: gama, s.l.
Diseño cubierta: Manuel Couto / ASÍ Disseny Visual
Impreso por: Talleres Gráficos Vigor, S.A.
Impreso en España - *Printed in Spain*

AGRADECIMIENTOS

¿Hay alguien a quien dar las gracias?

¡Claro que sí! Todas aquellas personas que, puede que sin saberlo y con frecuencia fuera de sus atribuciones, han asegurado mi formación; proveedores de todas clases (muy pocas veces internos) y clientes de todos los estilos (con demasiada frecuencia, internos). Sin olvidar al consumidor-usuario-destructor, cuyos cambios bruscos de humor son la sal de nuestra profesión. Y cómo no dar las gracias a los alumnos que me permiten volver a discutir con ellos las estrategias de marketing de las mayores empresas. Formador formado es rizar el rizo.

Índice

SEGUNDA PARTE
LAS TAREAS DEL JEFE DE PRODUCTO O LA PRÁCTICA DE LA PROFESIÓN

Introducción

La quimera (fábula) del marketing[1]

¿Ha visto usted alguna vez este anuncio?:

«Empresa, líder en su campo, busca un jefe de producto para reforzar su desarrollo. Licenciado en una gran escuela de negocios, de unos 27 años de edad, tendrá que haber demostrado, a través de varias experiencias con éxito, su capacidad para enfrentarse a problemas y retos.

Su misión:

– desarrollar una gama importante de productos;
– seguir y analizar el mercado;
– formar a la fuerza de ventas;
– asegurar el apoyo técnico;
– controlar los presupuestos;
– coordinar las acciones internacionales;
– gestionar, en colaboración con las fábricas, el lanzamiento de nuevos productos;
– definir la política comercial.

Es necesario dominar el inglés y las técnicas del marketing, y se valorarán el alemán y el italiano. Sus cualidades personales de rigor y creatividad harán de él un interlocutor valioso para la empresa.»

Usted ya lo ha leído y puede que, incluso, lo haya contestado; sin embargo, esta persona no existe. Es una síntesis de lo que las empresas piensan que ha de ser un jefe de producto; es decir, un espejismo.

¿Dónde ha visto usted a un hombre o una mujer (cada vez son más las

---

1. Marketing: debería ser traducido por el término oficial «mercadotecnia», que es poco utilizado; pero preferimos su versión inglesa, no porque nos gusten los anglicismos sino por pragmatismo.

mujeres que tienen éxito en el campo del marketing), que sea a la vez creativo y riguroso, pragmático y conceptual, joven pero con una experiencia con éxito en esta función?

Imaginarse a una sola persona que reúna todas las cualidades enumeradas es igual que creer en los milagros. Las empresas que dejan que sus departamentos de personal publiquen estos anuncios, tienen una desesperada necesidad de marketing, ya que su forma de pensar, en este campo, es errónea.

Esta obra quiere ser la caja de herramientas del jefe de producto. Su finalidad es poner en las manos de los jóvenes licenciados las claves necesarias para descifrar una función poco conocida y apreciada.

Este libro también puede utilizarse antes de ingresar en la escuela para documentar un proyecto profesional. A los tribunales les encantan los detalles prácticos en los planes de carrera que presentan los estudiantes.

Al estudiante que afronte casos de marketing y de política general de empresa, este libro le proporcionará los modelos de los informes que debe presentar.

Para el joven ayudante del jefe de producto, será una guía práctica en todas las áreas de las que será responsable, ya que todos los temas de marketing serán tratados bajo la perspectiva de la función del jefe de producto, con una dimensión de «listo para la acción». Se trata de una obra 100% práctica y, como afirma una revista económica, «100% reciclable durante la acción».

Las palabras en negrita remiten al lector al diccionario situado al final del libro, donde encontrará la definición completa. En el caso de palabras que se utilicen frecuentemente, sólo la primera vez se le remitirá al diccionario.

PRIMERA PARTE

¿PARA QUÉ SIRVE UN JEFE DE PRODUCTO?

El jefe de producto representa al mercado –es decir, el entorno exterior– en el interior de la empresa. Evita que las empresas vivan con los ojos cerrados. Aporta la dimensión del mercado, con todo lo que ello comporta: el medio ambiente, los competidores, los consumidores, los prescriptores, los usuarios-destructores, el Estado, y los distribuidores. Para hacer contrapeso y asegurar el equilibrio de la empresa, los técnicos aportan la dimensión de la fabricación, los comerciales representan, a veces con demasiada insistencia, a los compradores o distribuidores.

1

Definición de la función del jefe de producto

El jefe de producto es el director general de su producto y de su marca. Los representa en todos los casos y lugares, tanto en el interior como en el exterior de la empresa. Esta definición sencilla y completa tiene la inmensa desventaja de apoyarse en la definición de otra función, aún más difícil de definir, la de director general.

Se trata de un primer enfoque global, que completaremos por medio de la descripción de las funciones y de los interlocutores del jefe de producto.

Las tareas del jefe de producto: el contenido de la función

▶ *Una definición oficial*

Para el «Répertoire Opérationnel des Métiers et Emplois» (ROME), publicado por ANPE, «el jefe de producto garantiza la responsabilidad del desarrollo de una línea de productos, de una línea de servicios, desde su concepción hasta su comercialización en el mercado. A partir de un análisis de mercado (información interna, estudios externos) y en función de los objetivos de la empresa, concibe los planes de acción comercial y las **campañas** de promoción. El jefe de producto sigue la evolución comercial de su gama, ayuda a la fuerza de ventas, coordina las actividades que concurren en la realización del plan de marketing y el producto. Puede ser responsable de los resultados. En las empresas industriales, puede hacer también un seguimiento de la producción y velar por la calidad.»

▶ *Una función global*

El jefe de producto forma parte del departamento de marketing de la empresa y participa en el conjunto de la vida del producto. Su función esencial es la adaptación constante de la oferta de la empresa a la demanda de los consumidores. Es responsable de la explotación de un cierto número de referencias que corresponden a las gamas de productos o a sus marcas.

La función del jefe de producto se inscribe en el tiempo: una marca no se construye en un año y, sin embargo, los jefes de producto cambian, con frecuencia, de empresa o de cartera de productos. Cuanto más se ralentice la rotación de la función, las marcas se gestionarán más de una forma homogénea.

El jefe de producto conoce a los consumidores gracias a diversos estudios, de los cuales el más completo es el estudio de mercado. También conoce las posibilidades de la empresa y los recursos –técnicos, humanos y financieros– disponibles. El jefe de producto se cuidará, además, de la adaptación de las necesidades de los consumidores a las posibilidades de la empresa, para la cual, esta adaptación debe generar un beneficio.

El jefe de producto se encuentra en la base del marketing, entre el aparato industrial y el mercado. La comprensión del papel del jefe de producto depende, en gran manera, del concepto de marketing de la empresa, del sector de actividad (lo que determina la cultura), del reparto internacional de las funciones, de la filosofía (objetivo principal), de los dirigentes.

▶ *Una función con varios niveles*

La primera distinción de niveles concierne al aspecto, unas veces operativo y otras estratégico, de la función. El jefe de producto elabora un plan de marketing y lo pone en práctica con la ayuda de diferentes departamentos de la empresa. De un lado, la reflexión; del otro, la acción.

Según cual sea el sector de actividad, varía el contenido de la función. La mayor amplitud se encuentra en la diferencia entre un jefe de producto de gran consumo y un jefe de producto en la industria pesada. Volveremos a tratar estas diferencias a lo largo de toda la obra y, en ausencia de menciones en contra, nos referiremos principalmente al papel, más rico, de un jefe de producto de gran consumo.

▶ *Una función de cualificación variable*

El nivel de formación técnica del jefe de producto depende más del mercado que de sus productos y, por lo tanto, del nivel de los clientes de la empresa. El jefe de producto debe poseer la misma capacidad que los clientes para desvelar sus expectativas y comunicarlas de una manera eficaz. Los conocimientos del jefe de producto están a un nivel ligeramente por encima de los de su mercado, a fin de no crear ningún desfase en la comprensión mutua y permitir la existencia de una verdadera empatía.

Por ello los jefes de productos de gran consumo, incluso si intervienen en campos muy técnicos, no son técnicos. Por ejemplo, no es útil que un jefe de producto de «goma de pegar para el gran público» conozca los principios de la química, mientras que un jefe de producto de «goma de pegar industrial» deberá –con una tecnicidad igual a la del producto– saber más sobre las reacciones químicas.

▶ *Las diferentes denominaciones*

Existen, según la estructura y tamaño de la empresa, diferentes denominaciones para el mismo puesto de trabajo: jefe de marca, responsable de estudios de mercado, jefe de marketing y también responsable de la comunicación. El trabajo es el mismo, globalmente, aunque el responsable de los estudios de mercado actúa apoyando al encargado de la comunicación. El título del puesto es, con frecuencia, una herencia de las costumbres de la empresa; es preferible detenerse en la definición de la función, es decir, en el contenido real del puesto de trabajo y en sus campos de intervención.

Los campos de intervención del jefe de producto

Los campos clásicos de intervención del jefe de producto

Interviene en todas las cuestiones que conciernen a su producto (o servicio), su marca, y su mercado. Ciertas decisiones le corresponden personalmente, bajo la dirección de su **jefe de grupo**. Se le consulta incluso sobre decisiones que sobrepasan su campo de competencia (por ejemplo, para un pequeño cambio de fabricación) y su consejo es, con frecuencia, decisivo. En este nivel es donde el papel del jefe de producto adquiere su dimensión social en la empresa: representa a su producto y a los consumidores de dicho producto. Coordina todas las **acciones** y se admite que tiene derecho de veto sobre todo lo que concierne al producto, en el más amplio sentido.

Tomemos el ejemplo de un químico que quiere modificar la fórmula de un producto solar, cambiando un componente caro por otro menos caro. Este nuevo componente substituye perfectamente al antiguo pero modifica la elasticidad de la crema. El jefe de producto tiene el deber de oponerse a este cambio, no por principio, sino porque sabe que los usuarios del producto aprecian la marca por la suavidad de la crema. No hay que escatimar en el terreno de la marca. El motivo es que para conseguir, de nuevo, la fidelidad de los consumidores de una marca que haya perdido una de sus características principales, hará falta muchísimo dinero.

A través de este ejemplo, se percibe la extensión del campo de intervención del jefe de producto: es responsable del dinero de la empresa pero también del territorio de marca de sus productos. Este último elemento, el capital de marca, es poco contabilizado en los estudios financieros de las empresas. Una marca, si ha conservado o bien ha ampliado su territorio, vale más que la máquina que fabrica el producto.

El jefe de producto decide, bajo la dirección de su jefe de grupo, los puntos siguientes de entre todos los elementos del marketing-mix:

- la definición del producto, tal y como muestra el ejemplo arriba indicado;
- el precio de las distintas referencias de su gama de productos;
- la política de comunicación y de promoción de la marca, aunque ciertas empresas prefieren confiar esta misión a una dirección de la comunicación;
- el posicionamiento del producto que se examina en el **examen de marca**, o en el marco del **plan de marketing**, es continuación de la segmentación del mercado.

La distribución, otro componente del marketing-mix,[1] plantea muchas preguntas, ya que se encuentra en la frontera de dos funciones: marketing y ventas. Habitualmente, la estrategia de distribución es incumbencia de marketing, y la táctica corresponde a la parte comercial. El análisis del papel de cada uno de ellos sobre la política de distribución hace aparecer un interrogante, aún mayor, sobre la diferencia entre ventas y marketing.

Estas dos funciones, que con frecuencia están unidas, ya que existen directores comerciales y de marketing son, de hecho, bien distintas. Además de la venta directa del fabricante al consumidor, de la venta por correspondencia o las ventas directas entre compañías *(Business to Business)*, todas las empresas acuden a uno o varios intermediarios para asegurarse la disponibilidad de sus productos o servicios, de cara al consumidor final.

---

1. Marketing-mix: plan de marketing.

Para generar una cifra de negocios a largo plazo, la empresa debe llevar a cabo, con éxito, las dos fases de una misma venta: la primera, a uno o varios intermediarios; la segunda, al consumidor final. Estos intermediarios son los detallistas, los mayoristas, los agentes comerciales, los hipermercados... Y si bien es cierto que el producto debe estar presente en un almacén para poder ser vendido, lo contrario es falso: la presencia de un producto en un almacén o tienda no genera su venta. La función comercial se cuida de la venta a los intermediarios y la función del marketing es ser responsable de la venta final. Y el marketing es, o debería ser, un seguro contra la venta de calidad inferior y precio de los productos expuestos.

Los nuevos campos de intervención

El *merchandising* y el *trade-marketing* permiten comprender, adecuadamente, la diferencia entre la venta a los distribuidores y la venta a los consumidores.

▶ *Merchandising*

El departamento de marketing y el de ventas conciben y ponen en práctica la organización de los puntos de venta (implantación de la sección, presentación de los productos, capacidad de almacenaje, informaciones sobre el lugar de venta, profundidad y amplitud de las referencias, etc.). El *merchandising* empieza por el análisis de los lineales y el estudio del **comportamiento** de los consumidores. El fin último es la optimización de las ventas, gracias al atractivo máximo de los productos, independientemente de la presencia del vendedor-consejero.

El atractivo se obtiene por medio de una presentación más clara, una implantación lógica (para el consumidor) y una mejor disposición de los productos por familias. Tomemos el ejemplo de un distribuidor que, para seguir el esquema mental de un consumidor, colocará, convenientemente, los filtros de café al lado del café y no en la sección de vajilla desechable; del mismo modo, las salsas de tomate estarán cerca de las pastas, ya que pertenecen a la sección de conservas.

La disposición de los productos por familia, guía al consumidor a la hora de hacer su elección, al repetir –según la sección– los criterios de selección del consumidor (por ejemplo, el primer criterio de elección para las lejías es el peso, para los bizcochos, el tipo de relleno).

Los últimos avances del *merchandising* van en el sentido de una mejor información al consumidor, gracias a las técnicas de información en el

punto de venta (**IPV**). La sección de vinos, por ejemplo, se organiza por
regiones, y no faltan los consejos de compra: fichas de degustación, tem-
peraturas de servicio, mapas geográficos de las regiones, capacidad de
envejecimiento, etc.

El jefe de producto velará para que todos los instrumentos de *merchandising* sean perfectamente adecuados a la estrategia de su producto con-
tando, especialmente, con la buena disposición de los distribuidores.

▶ *El trade-marketing*

Se trata sin duda de un nuevo género de marketing, o más bien de un
nuevo avance de la filosofía del marketing aplicada al comercio, es decir,
la distribución en general. Su aparición es reciente: se remonta al período
en que la distribución se volvió agobiante para los fabricantes, especialmente después del reagrupamiento de las marcas. Ante la imposibilidad
de conceder más descuentos a los distribuidores, los fabricantes propu-
sieron una relación más constructiva por medio del *trade-marketing*.

Al igual que el «marketing dirigido al consumidor», el *trade-marketing*
tiene un *mix* que comprende: promoción, logística, organización y fuerza
de ventas.

El desarrollo de esta función específica pone en evidencia el hecho
de que, durante años, el «marketing dirigido al consumidor» ha intenta-
do asumir una función que no le correspondía.

El *trade-marketing* toma, cada vez más, la forma de una verdadera colaboración. Nestlé es un precursor en este campo. Este gigante suizo de la
alimentación destina directivos, de forma permanente, a las centrales
de compra de Casino y de Auchan. Es más tradicional que las operaciones
de *trade-marketing* se limiten a una promoción conjunta del distribuidor
y del fabricante: «El almacén X le ofrece, en exclusiva, el producto Y».
El fabricante calca su plan de promoción sobre el del distribuidor e intenta adaptar los temas.

Para completar las operaciones conjuntas de promociones que exis-
tían antes del *trade-marketing* (el *winner per store* es un ejemplo), de ahora
en adelante los fabricantes y distribuidores tienden a colaborar en tres
clases de flujos:

  – el flujo físico de las mercancías,
  – el flujo de las informaciones administrativas (pedido, giro, acuse de
    recepción, etc.),
  – el flujo de informaciones del consumidor (la cesta de la compra,
    rotación, etc.).

Los flujos de información transitan por medio del **IDI** (Intercambio de Datos Informatizados).

Está claro que todas estas nuevas funciones reclaman, de una parte y de otra (distribuidor y fabricante) personas especializadas. En el ámbito de los distribuidores acaba de aparecer una nueva profesión, *category manager*, que sustituye a los jefes de compras. En cuanto a los fabricantes, es frecuente que el jefe de producto ayude al **responsable de grandes cuentas** a montar las operaciones de *trade-marketing*, mientras se espera la creación de una nueva función: responsable del *trade-marketing* (o responsable del marketing de distribución).

Los interlocutores del jefe de producto en la empresa

Volvamos una vez más a la definición oficial del listado de las profesiones: la función de jefe de producto se ejerce en estrecha colaboración con los departamentos de producción y técnico, el departamento de investigación y desarrollo, compras y la fuerza de ventas. También son necesarias las relaciones con los proveedores externos (profesionales de la comunicación, del diseño) y la clientela. Si la empresa tiene un departamento de comunicación, la separación de los papeles debe estar bien definida.

Si añadimos a esta lista los contactos regulares del jefe de producto con el departamento financiero, para la elaboración y seguimiento de los presupuestos de ventas y de gastos, y el control de gestión de los diferentes parámetros significativos, se constata que el jefe de producto colabora con todos los departamentos de la empresa.

Por definición, los departamentos comerciales y de producción son los socios privilegiados de este intercambio de informaciones.

El jefe de producto y el departamento comercial (ventas)

Los comerciales son los encargados de presentar y vender a un **público objetivo** el bien o el servicio fabricado por la empresa. Uno se da cuenta, rápidamente, de que las funciones comerciales y de marketing son interdependientes: el éxito de un producto reside tanto en su posicionamiento de marketing como en la persuasión del comercial en el momento de la venta.

Existen numerosos sistemas de comercialización, dependiendo del sector económico de la empresa (venta directa, circuito largo, circuito corto, red, etc.). En cada sistema, el interlocutor comercial del jefe de producto tiene un nombre diferente: franquiciado, director de mercado, fuerza de ventas, concesionario, jefe de sector, cuenta clave, representante.

Sea cual sea la forma de comercialización, la colaboración del jefe de producto con los servicios comerciales sigue el esquema siguiente:

- los comerciales expresan las necesidades del cliente (en principio, no es el consumidor, sino el distribuidor),
- discusión del plan de marketing propuesto por el jefe de producto,
- elaboración conjunta de la política de precios y de un plan promocional,
- elaboración de los instrumentos de venta,
- intercambios de información sobre la **competencia** y las evoluciones del mercado,
- control y seguimiento de las ventas, explicación de las desviaciones con respecto a las previsiones.

El jefe de producto prepara, dentro de su plan anual de marketing, un **presupuesto de ventas**, de acuerdo con los medios invertidos. Este presupuesto comprende unas previsiones de venta para cada tipo de clientela. El jefe de producto fija, también, los precios netos. En estos dos puntos, es donde las discusiones entre ventas y marketing son más animadas. La cultura de la empresa y la personalidad del management orientan los diferentes puntos de vista en estos debates. Si presta demasiada atención a los comerciales, la empresa subestima el potencial del mercado; si presta demasiada atención a marketing, los presupuestos son demasiado optimistas. Es preciso que haya una persona que zanje y resuelva el tema de los presupuestos, ya que influye en la producción y, tanto en un sentido como en el otro (es decir, agotamiento de existencias de producto o un exceso de las mismas), los efectos sobre los beneficios de la empresa son negativos.

Una vez que se han adoptado los objetivos de ventas, el jefe de producto pone en marcha los medios (publi-promoción, instrumentos de venta) para alcanzar estos objetivos. Además de los soportes de venta, el jefe de producto ayuda a los comerciales, los tranquiliza y los motiva. El jefe de producto comunica a producción y finanzas las cantidades previstas en el presupuesto.

El jefe de producto y el departamento de producción

El departamento de producción es el segundo interlocutor del jefe de producto. Se asegura de que las cantidades previstas en el presupuesto podrán fabricarse. Se asegurará, especialmente, de que la capacidad de producción es suficiente y que las materias primas se adquieren en cantidad suficiente.

La dirección general comunica a las fábricas unos objetivos de productividad; estos objetivos pretenden reducir los costes. El jefe de producto acostumbra a ir en contra esos planes haciendo adaptaciones para la mejora de la calidad, del servicio o de las promociones. Estas promociones comportan modificaciones de embalaje, la confección de lotes que reducen la rapidez de la fabricación. El posicionamiento, cada vez más preciso, de los productos (gracias a una segmentación cada vez más ajustada) entraña una multiplicación del número de referencias. Por ejemplo, en el sector alimentario, la tendencia es crear tantos **envases** como hábitos de consumo (personas solas, familias, parejas...). Estas tendencias crean unos puntos de enfrentamiento entre el jefe de producto y el director de producción.

Afortunadamente, las políticas de calidad total orientadas hacia el cliente están apareciendo ya en las fábricas, lo que es un primer paso hacia una política de fabricación orientada hacia el usuario.

Los puntos principales de discusión entre marketing y producción giran alrededor de los temas siguientes:

- previsión de ventas,
- lanzamiento de productos,
- operaciones promocionales,
- implantación de una política de calidad total,
- mejora de los plazos de entrega,
- gestión de los litigios.

El servicio post-venta (SPV) es, también, un interlocutor del jefe de producto. El SPV y los servicios o departamentos técnicos forman parte del producto, como servicios anexos (antes o después de la venta), y en ese sentido, el jefe de producto debe asegurarse de que el servicio aportado es coherente con la política de la empresa.

Especial para las empresas de servicios

En el caso de las empresas de servicios (banca, seguros...) el departamento informático puede considerarse como si fuera de producción; en ciertos casos, la informática es también responsable de los métodos y de la organización. El jefe de producto establece un diálogo constante con estos departamentos, para la puesta en marcha de operaciones especiales, para el seguimiento de la producción y para la gestión de la base de datos.

El jefe de producto y los departamentos de investigación, de finanzas, de informática y el jurídico

▶ *El departamento de investigación*

De la colaboración entre el jefe de producto y los investigadores nace el producto, es decir, de la postura estratégica de un buen entendimiento entre los dos equipos. A pesar de ello, el matrimonio no es fácil. En general, estos dos departamentos están separados, jerárquica y físicamente (la investigación se encuentra, a menudo, por encima de producción, y marketing, por debajo). Cada uno de ellos cree conocer –de buena fe– las expectativas del consumidor, y pretende –siempre de buena fe– que el producto que ellos conciben responda perfectamente a esas expectativas. En caso de conflicto, cada uno de ellos se protege detrás de un lenguaje esotérico; técnico, en el caso de la investigación, y económico, por lo que respecta a marketing. Unas reuniones regulares, contactos mutuos y un buen entendimiento y armonía son garantía de una mejor colaboración y del respeto a los plazos de fabricación de los proyectos.

En esta colaboración, el papel del jefe de producto es el de expresar claramente las expectativas, las necesidades, el nivel de calidad necesario, en relación con la competencia, para satisfacer a los consumidores. El papel de los investigadores es el de estudiar si es factible, total o parcialmente, la producción de dichos productos.

A fin de facilitar las relaciones entre estos dos polos, se descubre con frecuencia que es necesaria la creación de un comité de creación de productos, y el nombramiento de un jefe de producto senior para el desarrollo de los productos que se crean necesarios.

▶ *El departamento financiero*

La relación directa entre estos dos departamentos es presupuestaria:

– control del presupuesto de gastos de marketing,
– previsiones de ventas anuales actualizadas (*latest estimate*).

1. Dado que el marketing incurre en gastos, los financieros tienen el deber de controlar la buena gestión del jefe de producto y el respeto a los procedimientos de la empresa.

2. La función de previsión del marketing permite a los financieros establecer una planificación en base a la cifra de negocios.

Desde la perspectiva de la contabilidad analítica, el jefe de producto vela para que los cargos imputados a su producto o mercado sean –verdaderamente– reales, de manera que no se falsee la rentabilidad de cada línea de productos. En caso de que el control de la gestión esté vinculado al departamento financiero, el jefe de producto elabora, junto con los controladores, los cuadros de mando (tableaux de bods) de los mercados o los productos.

▶ *El departamento de informática*

El departamento de informática es un interlocutor del jefe de producto en los casos siguientes:

- estadísticas de ventas,
- consulta de la base central de datos,
- creación de nuevos códigos de productos,
- implantación de una política de *trade-marketing,*
- obtención de servicios a través de la informática (IDI),
- ayuda y formación en la utilización del programa del ordenador del jefe de producto.

La buena relación entre estos dos departamentos exige que el jefe de producto posea un buen conocimiento de las exigencias informáticas. La informática acompaña a los grandes proyectos de cambios de organización y, en este aspecto, hay que prestarle una atención particular.

En el caso de empresas de servicios (banca, seguros, etc...) la informática es, además, el equivalente al departamento de producción en la industria.

▶ *El departamento jurídico*

La dimensión jurídica se encuentra en crecimiento, en la función del jefe de producto.

Los activos inmateriales de la empresa se encuentran, cada vez más, en el centro del negocio y de los procedimientos jurídicos. La marca, la patente, el diseño, el fondo de comercio, la política comercial –en una palabra, la propiedad intelectual de la empresa– han de estar protegidos.

El jefe de producto coordina, a través de un departamento jurídico interno o de un gabinete exterior de abogados, los diferentes depósitos de marcas, de eslógans y de logotipos, y verifica todos los aspectos de la política comercial. Se trata de la protección del patrimonio de la empresa, y los errores en este campo tienen, con frecuencia, unas implicaciones financieras enormes.

El jefe de producto verifica, además, la validez de los contratos con su agencia de publicidad y otros proveedores diversos. Se asegura de que las operaciones de promoción y de marketing directo permanezcan dentro del marco legal. Del mismo modo, queda reglamentada la utilización de las imágenes (dibujos, fotos, ilustraciones y cualquier otra creación) adquiridas por la empresa. Por ejemplo; una foto tomada para una ficha de producto y de la que se han impreso 6.000 ejemplares no podrá ser utilizada para un catálogo hasta no haber satisfecho los derechos de reproducción.

Los límites del campo de intervención

Cuando se abordan los límites del campo de acción del marketing, nos encontramos con que reina la mayor confusión. A fuerza de ser el centro de la actividad de la empresa, la función de marketing tiene tendencia a convertirse en un cuarto trastero o cajón de sastre, principalmente de lo que los demás no saben o no quieren hacer. Estas fronteras mal definidas perjudican la credibilidad del marketing, en general.

- **El jefe de producto no es un vendedor**
  No debe ir solo a casa de los clientes. Debe, en el marco estricto de las visitas a clientes, acompañar a los vendedores sin participar en discusiones de precios o negociaciones en curso.
- **El jefe de producto no es responsable de las grandes cuentas**
  Puede tener ciertos contactos directos con los grandes clientes (centrales de compras, mayoristas) de la empresa, sobre cuestiones estrictamente de marketing y publicitarias. El jefe de producto pondrá mucha atención en no interferir, jamás, con el departamento comercial en sus tratos con los clientes.
- **El jefe de producto no es una agencia de publicidad**
  Es responsable de la edición y de la publicidad, pero no debe transformarse en un estudio de creación, realizando, él mismo, las maquetas, fotos, inserciones, campañas de marketing directo... Su función es la coordinación de los proveedores de servicios en esos campos, no la de substituirlos.

Los campos de actuación del jefe de producto son muy vastos, está en todas partes a la vez y colabora con todos los departamentos de la empresa. Es un hombre orquesta. Su papel, en cada una de las misiones, es ante todo estratégico y luego, operativo.

2

Un directivo de estrategias: las recomendaciones

La palabra «recomendación» define muy bien esta parte de su función. El jefe de producto no se impone jamás, no ordena nunca sino que recomienda. Una gran parte de su trabajo está orientada hacia la reflexión, asegura la homogeneidad de las recomendaciones; su conocimiento del binomio producto-mercado le permite, siempre, dar coherencia a las necesidades, a los objetivos y a la estrategia.

El secreto de las buenas estrategias reside en el análisis de la situación. En este punto, el jefe de producto se ve ayudado por numerosos estudios y encuestas, que deberá asimilar perfectamente. Luego llega el momento de la confrontación, del análisis con la realidad de la empresa, para definir los objetivos. El jefe de producto decidirá el posicionamiento de su producto en el segmento elegido.

En ese momento intervienen el marketing-mix y su componente operativo.

El fundamento de las recomendaciones

Por encima de todo, el jefe de producto conoce su mercado; es una misión muy vasta en la que los actores son numerosos. Aquí predomina el análisis; no se trata de un análisis exhaustivo sino de un análisis juicioso y atinado sobre los puntos importantes. La sensatez sigue siendo la mejor guía y deberá ser una constante a lo largo de todo el trabajo del jefe de producto.

El consumidor no debe ser un desconocido para el jefe de producto; éste debe ser capaz de describirlo física y sociológicamente, de conocer sus costumbres, sus motivaciones de compra, sus hobbies, sus lecturas... Por empatía, el jefe de producto debe reaccionar como un consumidor, a fin de poder satisfacerlo mejor.

El jefe de producto debe resistirse a la tentación de desarrollar aque-

llos productos que le complacen personalmente. Es al usuario a quien
hay que complacer, y no al equipo de marketing de la empresa. Este re-
proche se hace, con frecuencia, a las agencias de publicidad que proponen campañas demasiado creativas o demasiado intelectuales y, por tanto, alejadas del grupo objetivo de consumidores. El papel del jefe de
producto es, siempre, el de volver a centrar el debate en el personaje clave: el comprador del producto final. Atención, esto no excluye oponerse
a ellos, pero únicamente al servicio del producto. Hay que tener en
cuenta que demasiadas pruebas, antes de la campaña, pueden destruir
su creatividad y originalidad. En ciertos momentos, el jefe de producto
aceptará el riesgo y la decisión de no pedir a los consumidores que
aprueben sus elecciones, a pesar de que hay que ofrecer el producto
para conocer las reacciones de la demanda del consumidor. Pero si
Sony hubiera prestado atención a los tests sobre consumidores, el *Walk-
man* nunca habría sido lanzado.

La segmentación del mercado

Se trata de la fase siguiente a los estudios de mercado.
Es más fácil dirigirse, únicamente, a una parte del mercado que a todo
él para ofrecer un producto. El conjunto de usuarios potenciales de un
producto debe dividirse en grupos homogéneos. Cada grupo, o sea cada
segmento, está formado por individuos en los que concurren una gran
mayoría de rasgos o características comunes, por lo tanto, deben ser homogéneos. Los segmentos deben lo más diferentes posible entre sí.
Cuanto más afinada y pertinente es la segmentación, en relación con
el producto, mayores serán las posibilidades de éxito, pero también en
mayor grado aumentarán los costes de producción y comercialización.
El jefe de producto estudiará con detalle la segmentación de su mercado, para que su producto parezca hecho «a medida» de las personas a
las que se ofrece.
El arte del jefe de producto está en encontrar unos buenos criterios
de segmentación. Todas las empresas parten con unos estudios de mercado casi idénticos, y sólo unas cuantas consiguen, gracias al jefe de producto, la lectura óptima del mercado que proporciona la mejor segmentación.
Una buena segmentación, basada en criterios pertinentes, le permite
adaptar sus productos a fin de que complazcan a cada segmento. Es evidente que los segmentos más codiciados por las empresas son los más
grandes, o sea aquellos en que es posible registrar unas ventas importantes. Pero una vez que se han saturado los segmentos, el jefe de pro-

ducto orienta su oferta hacia los segmentos más pequeños, hasta encontrar los nichos de mercado. El ataque a los nichos de mercado plantea la cuestión de su rentabilidad; es preciso, que cada segmento esté lo suficientemente «poblado» para poder asegurar la rentabilidad del producto ofrecido. La adaptación de la política de marketing no debe ser más cara que la ganancia potencial de la explotación del segmento.

Territorio y posicionamiento

El territorio de marca es el universo de los posicionamientos posibles y de las diversificaciones que, eventualmente, podría soportar la marca. Este territorio que es propio de cada marca, es más o menos extenso y sólido, según la coherencia de las acciones realizadas en el pasado.

La riqueza de evocación de la marca, su imagen positiva y su notoriedad son elementos que entran en la evaluación de su territorio. El jefe de producto es el artesano de la protección y de la ampliación del territorio de su marca. El territorio de la marca BIC, por ejemplo, no ha englobado jamás el mercado del perfume, lo cual es una de las explicaciones del fracaso de los perfumes desechables BIC, lanzados en 1988.

El posicionamiento es la forma en que se presenta la oferta de la empresa al segmento de mercado elegido como público objetivo. Es un objetivo, una ambición, una voluntad de ver cómo su producto alcanza una determinada posición en el espíritu de todos los individuos de un segmento.

Es bien cierto que existe una diferencia entre el posicionamiento deseado por el jefe de producto y el posicionamiento percibido por el consumidor. Las recomendaciones del jefe de producto pretenden minimizar esta diferencia. Pone en práctica los medios, entre otros el marketing-mix, para que la percepción del consumidor esté de acuerdo con el posicionamiento comunicado del producto.

Por último, el posicionamiento es una previsión de la comprensión del consumidor. La comunicación de este posicionamiento es más importante que el propio valor del producto, que debe expresar, ante todo, su posicionamiento. Desde hace años Marlboro mantiene, con constancia y éxito, el posicionamiento del «cigarrillo del cow-boy»; en un principio, esta marca conoció un fracaso de posicionamiento como «cigarrillo de mujer».

Atención a los posicionamientos demasiado complejos que nadie comprenderá jamás, y que incluso actua en sentido contrario al deseado.

Definición de objetivos y estrategia de marketing

El jefe de producto define los objetivos generales de su producto, en términos de crecimiento, resultados, de cuota de mercado, etc.

Los objetivos deben ser precisos y realistas, y comunicarse en parte al conjunto de los empleados. Repetimos de nuevo, que el jefe de producto no puede ser el único que se ocupe de la determinación de los objetivos, se trata de una tarea en que participan todos los departamentos de la empresa. La manera en que los objetivos se presentan y se venden, así como el carisma del jefe de producto, influyen en el éxito de los proyectos.

La estrategia describe los medios o, sobre todo, el tipo de medios utilizados para alcanzar el objetivo principal.

Existen diversas estrategias, al igual que existen varios subobjetivos. Y el objetivo principal no se consigue hasta que todos los subobjetivos han sido alcanzados.

Productos y servicios

La política de producto comprende al producto en sí mismo (ya sea un bien o un servicio) y todo lo que va unido a ese producto: el asesoramiento, el SPV (Servicio Post Venta), el mantenimiento, la financiación, su embalaje, etc. El jefe de producto es el único responsable de la coherencia de todos estos elementos.

La calidad

A veces es difícil medir la calidad de un producto. Al final, sólo cuenta una persona: el usuario. El producto más sofisticado, el más evolucionado técnicamente, el más perfecto, no es nada si el usuario no lo aprecia.

Existen ciertos productos en que el usuario difícilmente puede juzgar el nivel real de calidad. Por ejemplo: en el caso del seguro de vida clásico, el asegurado (no el beneficiario) no mide jamás la calidad del producto.

El jefe de producto conoce exactamente el nivel de calidad de su producto, comparándolo con el nivel de los productos que son su competencia directa, o de productos que pueden sustituirlo y, sobre todo, con las expectativas de los consumidores.

Es imposible realizar un marketing a largo plazo de productos que no cumplan las expectativas de los consumidores. Al jefe de producto le corresponde organizar y planificar la mejora constante de los productos para mantener un nivel de calidad aceptable. Su primera responsabilidad reside en la calidad, y en este campo, sólo se puede pensar en la perfección.

El envase o embalaje (*packaging*)

El embalaje (*packaging*) es parte integrante del producto. Es la última protección del mismo. Es también, cronológicamente, el último vendedor del producto. A veces puede ser reutilizable o ecológico.

Además de un papel funcional (conservación, protección, higiene), el jefe de producto tiene en cuenta, cada vez más, los papeles informativos (asesoramiento, constitución, menciones legales) y psicológicos (atracción, placer, evocación, respeto de los códigos de colores).

Todos los días se hacen progresos en nuevos materiales de embalaje. El jefe de producto debe poner en contacto a los fabricantes de embalajes con los responsables del departamento de compras de la empresa. Al jefe de producto le corresponde identificar, también, nuevos embalajes que pueden adecuarse a su producto e introducirlos en su gama.

Los presupuestos invertidos en *packaging* demuestran el interés creciente de las empresas en este campo; hoy en día representan el 10% del presupuesto de marketing (hace diez años no eran más del 2%).

El lanzamiento de productos

El lanzamiento de productos es, sin duda, la actividad más visible del jefe de producto. Con frecuencia es la primera tarea que viene a la memoria cuando se pregunta a los empleados de la empresa respecto a las actividades del jefe de producto.

El lanzamiento de un producto es una operación compleja que exige una organización sin fallos, ya que el número de participantes que hay que coordinar es importante. Es el aspecto de arquitecto del jefe de producto.

El número de productos de todas clases que se lanza, cada año, es considerable. Muchos lanzamientos y, aún más, «re»lanzamientos, pero bien pocos éxitos. El consumidor no tiene la posibilidad de recordar todas las marcas nuevas, así que la tendencia actual es, sobre todo, el reagrupamiento de marcas, más que a la creación de nuevas.

El jefe de producto no procede a un lanzamiento si no está seguro de su éxito. Demasiados fracasos deterioran el prestigio de la empresa y limitan el acceso a la distribución.

Los lanzamientos no deben acumularse sin coherencia; cada producto nuevo debe encontrar su lugar dentro de una gama.

La gama de productos

Los esfuerzos del jefe de producto deben dirigirse a la buena gestión de una gama de productos, y ese es su trabajo diario. Se examina el ciclo de vida de cada producto, a fin de que todos los productos de una misma gama evolucionen al mismo tiempo. El jefe de producto gestiona una cartera de productos y, a veces, una cartera de marcas.

El jefe de producto ha de asegurarse de que la gama sea homogénea, de que sea competitiva en relación con la competencia, y que los desarrollos estén bien planificados en períodos de tiempo que se adapten a los mercados (6 meses para la informática, 5 años para el sector químico).

Las personas implicadas en estos cambios deben estar informadas de todo o parte del plan de desarrollo.

Los precios

El jefe de producto es responsable de los precios netos de los productos y del control de estos precios a lo largo de toda la comercialización. El precio neto es la cantidad de dinero ingresada por la empresa, una vez que se han deducido todos los descuentos, rebajas, comisiones y bonificaciones.

En el campo de los precios, los debates en el interior de la empresa son largos. El precio se fija en función del posicionamiento, de la competencia y, cada vez más, en función de la distribución.

El precio es un componente esencial del marketing-mix y, por lo tanto, es el elemento que el jefe de producto puede controlar en menor medida (salvo en el caso de la venta directa). Una vez que el producto sale de los circuitos de la empresa, los intermediarios poseen la libre elección de los precios de venta (de hecho, está prohibido imponer ni proponer los precios de venta a un distribuidor). Algunos campos se escapan a esta regla, gracias al mecanismo de los precios impuestos, por ejemplo, el libro.

El consumidor encontrará, pues, toda clase de precios distintos para un mismo producto, según los circuitos de distribución de donde provenga. Si el jefe de producto desea conocer el precio final de venta, es posible que haga unos *store-checks*, o unas ofertas de reembolso. Las evoluciones de los paneles de distribuidores permiten también conocer los precios a que venden los productos ciertos almacenes.

El jefe de producto tendrá, siempre, interés en fijar el precio más alto posible, ya que es más fácil bajar un precio demasiado alto que aumentar un precio demasiado bajo. Atención, si el producto es demasiado caro, se corre el riesgo de que no llegue a su objetivo. Se trata de la ciencia del tanteo a ciegas, en la que la empresa se juega sus beneficios, y por lo tanto, su salud financiera.

La comunicación

De lo que tratamos aquí es de la comunicación con la atención dirigida al consumidor (la comunicación con el distribuidor forma parte del *trade-marketing*). A partir de la estrategia de marketing, el jefe de producto elabora una estrategia de comunicación para cada marca.

La comunicación intentará crear, modificar y desarrollar la imagen de marca del producto, y a través de él, la de la empresa. Es preciso respetar la identidad de la marca, a lo largo de todo el proceso de comunicación y, especialmente, a largo plazo. Si bien es posible, y a veces incluso deseable, cambiar el eje de la comunicación, cambiar la identidad de la marca es suicida. El territorio de la marca se gana paso a paso, y es preciso medir cada avance con el rasero del posicionamiento deseado.

El jefe de producto dispone de multitud de herramientas con las que construir la comunicación de la marca y del producto. Estos medios se organizan en el seno de un plan de campaña.

En el caso de que exista un departamento de comunicación, el jefe de producto define, de la forma más precisa posible, su posicionamiento y su territorio de marca, y el **jefe de publicidad** realiza la estrategia de comunicación.

Los circuitos de distribución

Si la definición precisa de los circuitos de distribución deseables para un producto es muy fácil, la puesta en práctica presenta serios problemas. Cualquier modificación relativa a los circuitos de distribución es larga. El canal de distribución de un producto es, con frecuencia, una herencia del pasado. La buena relación de una empresa con sus distribuidores forma parte de su fondo de comercio. Ponerlos en duda es incómodo para un jefe de producto.

La distribución es muy lenta de conquistar, y el jefe de producto tiene más interés en optimizar lo que ya existe que en querer cambiarlo.

No obstante, el estudio de la distribución es importante, y el jefe de producto dispone de tiempo y oportunidad para recomendar nuevos circuitos que se añadan a los ya existentes, siempre que no sean incompatibles.

En el aspecto de la distribución, el jefe de producto tendrá que comprender los intereses que haya en juego y las expectativas de los distribuidores, a fin de satisfacer, a través del *trade-marketing*, las crecientes necesidades de esta fase necesaria.

El *trade-marketing*

El *trade-marketing* es una noción reciente que adquiere, cada vez, mayor importancia. Mientras que el marketing clásico tiene en cuenta las expectativas y la satisfacción del consumidor-usuario, el *trade-marketing* se concentra en la comercialización a los intermediarios, principalmente a las GMS (Grandes y Medianas Superficies). El *trade-marketing* se subdivide en promoción-comunicación, logística, transmisión de información y fuerza de ventas.

La política de *trade-marketing* es fruto de la colaboración entre el departamento comercial y el distribuidor. Cada vez hay más empresas que crean un departamento específico para este aspecto del marketing, que se encuentra en la encrucijada del marketing y de lo comercial.

El jefe de producto parece destinado a participar activamente en esta estructura, ya que los métodos utilizados son los mismos que para el marketing clásico: análisis, objetivos, estrategias, medios de acción...

Estos medios de actuación toman un aspecto técnico, por lo que respecta a la logística y a la informática, que el jefe de producto no domina siempre. Por contra, los aspectos de promoción y comunicación forman parte de su función.

Una vez que se han establecido las estrategias, es preciso llevarlas a la práctica. Las ideas y las reflexiones no son nada sin la acción. El jefe de producto pasa de la reflexión solitaria a la acción colectiva, donde es a la vez actor y catalizador, a fin de alcanzar un objetivo que él mismo ha fijado.

3

Un directivo operativo: las acciones

La reflexión precede a la acción. El jefe de producto es un hombre de estrategias, pero también un hombre de tácticas. Las acciones que emprende permiten desarrollar unas herramientas que ayudan a la realización de las estrategias. La función de jefe de producto oscila entre un papel de actor (lo que él hace realmente) y un papel de director (lo que hace realizar a los demás).

El representante del producto

El jefe de producto representa a su producto o marca tanto en el interior como en el exterior de la empresa; y a través de ellos representa, además, a la empresa. En las reuniones de grupos de fabricantes, en los actos oficiales, ante la prensa, los proveedores y los consumidores, el jefe de producto se confunde con su marca. Habla en su nombre y la encarna.

El jefe de producto es el primer vendedor de su producto. Desde los orígenes del concepto de un nuevo producto, el jefe de producto defiende y vende su producto en todos los niveles de la empresa, sobre todo a los mismos vendedores.

Un jefe de producto, con frecuencia, habla de sus marcas como si fueran sus hijos, con pasión, mostrando sólo las cualidades y sin admitir jamás sus defectos. A veces, esta falta de objetividad conduce a la obcecación, pero en la mayoría de ocasiones sólo se trata de una sencilla máscara.

Un centro de información

El jefe de producto recibe mucha información. Uno de sus papeles consiste en procesar esta información y distribuirla a través de la empresa y en el exterior. Se asegura de que todos los interesados estén informados correctamente sobre la marcha del producto. Existe un deber de información que abarca desde los comerciales a los periodistas, pasando por la dirección general y los distribuidores.

El punto culminante de este deber se sitúa en la entrega del plan de marketing. Se trata de una verdadera biblia del producto, donde se consignan los análisis, los objetivos, las estrategias y los medios de acción previstos.

Su trabajo cotidiano consiste, también, en transmitir las informaciones en bruto. Cuando un competidor lanza un nuevo producto, la información debe circular, muy rápidamente, en la empresa. El análisis de la situación y las posibles reacciones frente a la competencia llegarán más tarde.

Es una función en la que es preciso «alimentar circuitos»: al distribuir la información de forma interna es cuando, a su vez, le llega al jefe de información. Si retiene la información, los circuitos se olvidarán de él, de forma natural, y tendrá que ir a la caza de las informaciones.

El jefe de producto es interrogado, sin cesar, tanto por los empleados de la empresa como por el exterior. Su papel es el de responder a todas esas preguntas.

Un centro de coordinación

El jefe de producto pasa una gran parte de su tiempo en reuniones. Las reuniones a las que asiste son reuniones de coordinación de proyectos con los equipos de trabajo, o reuniones donde presenta el estado de la progresión de esos mismos proyectos a sus superiores.

El jefe de producto coordina, no sólo determinadas fuerzas internas de la empresa, sino también una parte de los proveedores: *sourcing* (adquisición de materias primas o de productos acabados), proveedores de material y servicios de marketing (agencias de publicidad, imprentas, medios...).

El jefe de producto redacta muchos informes; tratan de campos tan diversos como los análisis de estudios, los exámenes de marcas, los planes de marketing, los resultados de la empresa... Estos informes son, con frecuencia, unas síntesis dirigidas a los responsables de aprobar sus propuestas (comité de dirección, director de marketing), o de los que están encargados de aplicar su plan de acción (ventas, producción).

Un productor de soportes de venta

El jefe de producto tiene la responsabilidad de proporcionar los mejores instrumentos de venta al departamento comercial (o a cualquier otro departamento de la empresa: por ejemplo, un dossier sobre la empresa para los soportes). Por nuevos colaboradores de venta, hay que entender todo aquello que permite la realización de contactos comerciales, en las mejores condiciones. Esto supone que el jefe de producto debe entender bien los problemas de ventas y, también, conocer las costumbres y prácticas de la distribución. De aquí la necesidad de que el jefe de producto pase, por lo menos una vez cada seis meses, por el equipo de ventas, a fin de comprender y servir mejor a sus semejantes.

No hay que olvidar que, para la mayor parte de productos, son necesarios dos niveles de venta: una primera venta al intermediario (con frecuencia un distribuidor, **central de compras** o mayorista), realizada por la fuerza de ventas gracias a las herramientas del *trade-marketing*, y una segunda venta al usuario final, realizada en autoservicio, o por el vendedor de un intermediario (mayorista). Esta venta en dos tiempos necesita un doble esfuerzo de marketing.

La primera venta es necesaria pero no suficiente. El jefe de producto es responsable de los medios utilizados para realizar la primera venta y de la conclusión de la segunda venta (si un producto no se vende a los consumidores, el jefe de producto revisa su marketing-mix).

Los instrumentos de venta son:

- el análisis de la competencia, datos de cuota de mercado,
- **la argumentación de venta**,
- book de presentación,
- promoción, creación de club,
- regalos de empresa,
- catálogo,
- tarifas y condiciones generales de venta,
- eventos comerciales,
- folletos diversos...

Un comunicador

Dentro de la empresa, el papel del jefe de producto es estratégico y por lo tanto no tiene ninguna autoridad jerárquica: su única arma es la comunicación. No puede imponer, debe persuadir. Sin calidad de comunicador, el jefe de producto está limitado en sus acciones y ninguno de sus proyectos llegará a ver la luz.

Organiza actos como ferias, salones, lanzamientos de productos, seminarios de ventas, etc. Todo o casi todo le sirve de pretexto para la dramatización, con el único fin de explicar mejor, y de hacer comprender bien, su punto de vista.

El conocimiento de la producción gráfica es un punto importante. La parte gráfica o los impresos ocupan aún un importante lugar en los presupuestos de marketing, y por lo tanto el jefe de producto debe conocer los términos y procedimientos utilizados en esa profesión. Un buen jefe de producto conocerá los últimos avances de los métodos de impresión y de preimpresión.

Debe hacerse conocer y ser apreciado por los medios, incluso si su agencia de publicidad compra el espacio directamente, o a través de una central de compras. El conocimiento de los medios le permite juzgar si la planificación de medios de su agencia es pertinente o tiene necesidad de volverla a realizar él mismo. De una manera más general, comunica con la prensa y con los periodistas.

Se cuida de asegurar la notoriedad de la empresa en sus mercados. Para ello colabora con los demás jefes de producto de la empresa.

Un controlador y un «informador»

El jefe de producto realiza el control de gestión cualitativo y cuantitativo de su marca. Se asegura de que cada persona implicada en la realización de los objetivos haya comprendido bien su papel y que aplique las diferentes fases del plan. También analiza, continuamente, las desviaciones (de cantidad, de dinero, de tiempo), entre el presupuesto y la realidad.

Del análisis de las desviaciones, el jefe de producto saca las enseñanzas que proporcionarán el éxito a sus próximas recomendaciones. De este análisis obtiene, también, las propuestas de corrección y modifica, en consecuencia, los presupuestos de gastos y de ingresos.

Los cuadros de mando no están reservados exclusivamente a los controladores de gestión. El jefe de producto es el primer utilizador. Los cuadros de mando del jefe de producto se proyectan hacia el futuro e intentan proporcionar una visión real de lo que sucederá.

En colaboración con el control de gestión, el jefe de producto explica las desviaciones presupuestarias: entre las previsiones de ventas y las ventas reales, entre el presupuesto inicial de gastos y los gastos reales más los compromisos adquiridos de gasto. Un compromiso u obligación es un acuerdo que implica una facturación futura (por ejemplo, un acuerdo sobre **la adquisición de espacio**, acuerdo sobre los gastos de gestión de la devolución de una promoción).

No hay duda de que el jefe de producto es responsable del presupuesto que le ha sido confiado, pero también de las previsiones de ventas mensuales que él calcula.

Según cual sea la posición de la empresa, filial de un gran grupo o una empresa familiar, organiza el *«reporting»* (presentación de informes) en función de sus interlocutores.

El jefe de producto es un hombre de reflexión y de acción. Su campo de intervención se extiende a todos los departamentos de la empresa. Y a pesar de que su papel sea funcional, sus responsabilidades son importantes.

4

La responsabilidad del jefe
de producto

Las responsabilidades del jefe de producto cambian con el tipo de empresa (industriales, de servicios, gran consumo o *business to business*). Siempre es responsable de la satisfacción de las necesidades de los consumidores, y en el caso de las empresas más evolucionadas desde el punto de vista del marketing, también es responsable del beneficio generado por sus productos y, por último, del desarrollo de sus marcas.

La permanencia de la empresa pasa por la satisfacción del consumidor y la capacidad de la empresa en obtener un beneficio financiero de dicha satisfacción (resulta que esta es una definición del marketing).

La satisfacción del consumidor

¡Sí!, la satisfacción se mide. Se aconseja, además, a todos los jefes de producto que sigan su evolución, y que se preocupen ante cualquier variación.

▶ *La percepción positiva del producto*

La calidad del producto no debe ser sólo intrínsecamente buena, sino que por encima de todo ha de complacer al consumidor. Las exigencias del público objetivo deben ser perfectamente conocidas por el jefe de producto. Hemos de decir, nuevamente, que se trata más de la calidad percibida por el consumidor que de la calidad real del producto.

El jefe de producto tiene la misión de transformar las cualidades reales de los productos en ventajas para el consumidor. Del grado de satisfacción de sus necesidades, el consumidor deducirá la calidad del producto, y de ahí la cantidad de dinero que está dispuesto a invertir en su satisfacción.

▶ *La rotación en lineal*

Esta tasa puede considerarse como el primer ratio de satisfacción del cliente. La rotación en lineal en la empresa se mide por la reposición de los almacenes, es decir, el número de pedidos y las cantidades solicitadas en cada período.

La rotación también se mide a partir de los paneles de distribuidores. Se dispone, entonces, de una media de las rotaciones en lineal en los circuitos de distribución considerados.

Si el comercial es responsable de la implantación del producto en el almacén, el jefe de producto es el que responde del **atractivo**, frente al consumidor. Un producto que permanece mucho tiempo en el lineal probablemente está mal posicionado.

▶ *La tasa de recompra*

Esta tasa puede ser considerada como el segundo ratio de satisfacción. Si la primera compra que realiza el consumidor y su posterior prueba no le producen satisfacción, es decir, si el consumidor no obtiene ventajas gracias a la utilización del producto, no volverá a adquirirlo. Se trata de nuevo de un problema del marketing-mix.

▶ *Las reclamaciones de los consumidores*

Terminaremos con este último indicio: el número de cartas de reclamación o de insatisfacción que se hayan recibido. Para que un consumidor se tome la molestia de escribir, es que –desde su punto de vista– el problema es importante y, por lo tanto, también debe serlo para ustedes. La respuesta de cortesía es obligatoria, unida a algunos productos en compensación o en agradecimiento. El jefe de producto toma, enseguida, las acciones correctoras necesarias.

El jefe de producto dispone con ello de un indicador preciso del índice de satisfacción del consumidor final. Estas cartas son útiles para poner de manifiesto un problema o un descontento puntual. Este indicador entra en el examen de la marca del producto.

El beneficio del producto

En el caso ideal, la contabilidad de la empresa es lo bastante analítica para obtener una cuenta de resultados por producto (o por marca). El jefe de producto es responsable del resultado de explotación de su producto. Los componentes de este resultado son:

- el precio de coste (incluidos los gastos generales de producción);
- el transporte (bajo la forma de un porcentaje del VN –volumen de negocios- fijado para el año);
- los gastos de marketing y publipromocionales;
- las rebajas (descuentos, rebajas, comisiones);
- los gastos generales de la empresa (adoptan la forma de un porcentaje de la previsión del VN anual). Los gastos generales comprenden: el alquiler de los locales, la masa salarial, los cargos diversos y las dotaciones para amortizaciones;
- el precio de venta neto;
- el jefe de producto no está penalizado con cargas financieras, ni con cargas excepcionales de la empresa.

Las empresas, en general, tienen un objetivo medio de beneficio (expresado en porcentaje del VN). Por ejemplo, tal empresa de cosméticos exige una rentabilidad del 23% a todas sus marcas, y los jefes de producto tienen la responsabilidad de conseguir este resultado. Esta tasa, que puede parecer elevada, asegura a la empresa una rentabilidad neta después de impuestos del 6%:

Para el cálculo de un margen medio, hay que tener en cuenta dos parámetros:

- la contribución de la marca a los gastos generales de la empresa,
- la posibilidad de desarrollo de la marca a medio plazo.

En el primer caso, incluso si el producto no alcanza el beneficio esperado, participa en el pago de los gastos generales de la empresa. Es decir, que si ese producto no rentable fuera interrumpido, habría que aumentar la participación de todos los demás productos en los gastos generales de la empresa, y ello disminuiría, automáticamente, el beneficio medio de cada producto.

En cuanto al segundo punto, lo que está en juego es la estrategia de la empresa. Ya no es posible razonar producto por producto, sino sobre la globalidad de la cartera de productos. Aunque esto vaya, en cierto modo, en contra del director de marketing, hay que pensar en esta posibilidad de compensación del margen de los productos maduros, por los productos en desarrollo (o de los productos «a exprimir» hacia los productos «estrella», según la **matriz BCG**). Este arbitraje de marca es una decisión de política general y se realiza considerando el desarrollo potencial global de la cartera de productos.

El desarrollo de su cartera de productos

Cada empresa está formada por un sistema de producción (incluso en las empresas de servicios donde la informática y las personas representan la producción), por un instrumento administrativo, por una organización de ventas, y por unos hombres y mujeres dedicados al buen funcionamiento de la empresa. Todos estos elementos se ponen al servicio del cliente, mediante un precio.

Pero la empresa posee mucho más que eso: su marca, el hecho de que su producto o sus servicios sean únicos, o percibidos como tales. La evaluación financiera de las marcas no aparece en los balances de las empresas, y es de lamentar. Ayudaría a los financieros a considerar los presupuestos de marketing-comunicación, como inversiones y no como desembolsos de gastos generales.

En la evaluación de una empresa, la marca puede aportar hasta un 50% del valor, y los compradores están dispuestos, cada vez más, a pagar el precio. El jefe de producto desarrolla las marcas para que se conviertan en verdaderos activos para la empresa (el *goodwill*). Este activo puede medirse en puntos de notoriedad y en puntos de imagen pero, especialmente, en potencial de desarrollo. El jefe de producto hace fructificar los fondos de comercio de la empresa, de la misma forma que el director financiero hace fructificar la tesorería.

El jefe de producto hace evolucionar su cartera de productos. Esta evolución puede significar un estrechamiento de la gama, una racionalización de la producción, una reducción de los componentes del producto, una comunicación masiva o, por el contrario, selectiva, un aumento del precio o, incluso, el lanzamiento de nuevos productos. En la gama de productos, debe «suceder algo», esta es la base de una sana gestión de marca.

El jefe de producto debe tener siempre presente que el capital de la empresa y, en consecuencia, su empleo dependen de su capacidad para desarrollar el potencial de su marca.

El trabajo del jefe de producto, sus responsabilidades, su papel en la empresa, ya han sido definidos. Una gran parte de su función consiste en asegurar la homogeneidad y coherencia de la estrategia, desde la preparación de las decisiones hasta la finalización total de las acciones. Esta primera parte se da por terminada, para dejar paso a la siguiente, que se concibe como una guía práctica.

SEGUNDA PARTE

LAS TAREAS DEL JEFE DE PRODUCTO O LA PRÁCTICA DE LA PROFESIÓN

Esta parte está concebida como una guía didáctica. Cada una de las tareas del jefe de producto está detallada y explicada. Cada vez que es posible, las operaciones se descomponen en:

- una definición,
- una explicación sobre la utilidad de la operación,
- un ejemplo de la presentación tipo.

Usted podrá utilizar inmediatamente algunas de estos casos o ejemplos tipo, como recordatorios o como base de trabajo. Esta parte práctica se articula alrededor de los temas siguientes: marketing estratégico, marketing operativo y aplicación de decisiones sobre el terreno.

5

El marketing estratégico del jefe de producto

Es la base del trabajo del jefe de producto, lo que ha hecho decir a algunos que este dicho no se entiende muy bien «vale más hacer las cosas buenas que hacer las cosas bien». Hacer las dos, no hay ni que decirlo, sería perfecto. Con un buen análisis y una buena estrategia, el jefe de producto está seguro de que no tomará un camino equivocado. Pero no por ello está asegurado el éxito. Si la puesta en práctica es mediocre o el consenso sobre las ideas es incompleto, el fracaso está a la vista.

Los aspectos estratégicos del trabajo del jefe de producto se dividen en: análisis, planificación y control.

El análisis de los mercados

El *store-check*

El *store-check*, en sentido estricto, consiste en verificar sobre el terreno el desarrollo de la comercialización (presencia de los productos de la empresa y, sobre todo, de los de la competencia, precios, disposición, animación especial...). En su sentido más amplio, se trata de un ejercicio de estadística de los datos de los comercios, tiendas, por el que se inicia cualquier contacto con una empresa (ver página 176).

Los *store-check* más frecuentes se efectúan en las grandes superficies alimentarias (el autoservicio permite contemplar los productos en reposo, pero intenten hacerlo de una forma discreta y no tomar fotos, ya que está prohibido). Los comercios tradicionales también se prestan a este ejercicio. En este caso es posible que el contacto con un vendedor sea obligado, y será suficiente con que se hagan pasar ustedes por consumidores.

Ya no es necesario demostrar la importancia del *store-check*. Las políticas de marketing mejor ideadas sólo se juzgan sobre el terreno, y con frecuencia, la cuota de mercado es lo que las sanciona. Los paneles de distribuidores son examinados minuciosamente a fin de intentar comprender los acontecimientos, pero nada es igual a una visita sobre el terreno.

Los objetivos de un *store-check* pueden ser múltiples, y es necesario que ustedes elijan el suyo antes de poner un pie en el establecimiento. He aquí algunos ejemplos de objetivos:

- control de la velocidad de adjudicación de referencias al producto concreto de la empresa;
- evaluación de la calidad de la colocación de un nuevo producto de la competencia;
- estudio simple de los productos y de la competencia (es obligatorio antes de un estudio de caso o de una entrevista de contratación);
- listado de precios;
- extracto/listado de *facing* para la elaboración del plan de *merchandising*.

Según cuál sea el objetivo que haya elegido, seleccionará usted los almacenes que desea visitar; este ejercicio debe hacerlo usted solo. Si solicita una lista de los puntos de venta al director comercial, tendrá usted una lista de los mejores establecimientos de la región, pero no una visión objetiva del mercado. Es cierto que usted deberá informar al director comercial de su gestión en los almacenes, pero únicamente por cortesía, y para que a él no le parezca que su informe futuro ha caído del cielo.

En el caso de los hipermercados, es importante que su elección de almacenes sea aleatoria (la mayor cantidad posible de nombres diferentes). En cuanto al número de almacenes que puede visitar cada día, el máximo es de quince en la zona de Madrid o Barcelona, y de ocho en provincias, para un sencillo listado de precios y para el control de un cambio de embalaje. Si su objetivo necesita unos datos más completos, no trate con más de siete puntos de venta. Y sólo cinco, si ha de establecer contacto con un vendedor.

Una vez en la tienda o almacén, aproveche para observar la situación de su género dentro del plano general y, el tamaño global de sus estanterías, y para hablar con los consumidores. Si avisa usted anticipadamente a la dirección de la tienda o al jefe de departamento, se verá obligado a esperar a su interlocutor en la recepción del establecimiento y a llevar una chapa o insignia (que le darán a cambio de un documento identificativo), perderá usted tiempo (no debe pensar en más de cuatro puntos de venta al día), pero tendrá el derecho de ir de incógnito y así obtendrá mucha información del jefe del departamento. Tendrá usted derecho a disponer de una lista de los problemas con que se ha encontrado el jefe de departamento y deberá poner mucho cuidado en no interferir la labor del responsable comercial de ese punto de venta.

No se aconseja seguir el método oficial (encontrarse con el jefe de departamento), ya que es laborioso de gestionar (concertación de visita, espera, carta de agradecimiento y, si fuera preciso, un informe de la visita y soluciones a los problemas presentados por el jefe de departamento). A veces es una fuente de conflictos con los vendedores, a menos que su objetivo sea el análisis de la política comercial de un competidor. Si desea usted tener estas discusiones, espere a su próxima gira sobre el terreno acompañando a la fuerza de ventas.

Una vez ante sus estanterías, espere a los consumidores antes de sacar su lápiz. Observe y escuche. ¿Hacia qué producto se orientan? ¿Miran los precios? ¿Se trata de una compra impulsiva? Anote estos puntos inmediatamente, ya que son pistas futuras de reflexión.

Ahora llega el meollo de su trabajo que usted habrá preparado antes en su oficina. Para un listado de precios, establezca unas tablas con los nombres de los productos, su capacidad, una opción de «producto en promoción», una opción «CG» (cabeza de góndola), una opción «ruptura» y una casilla de precios. Deberá usted tener tantas tablas como almacenes visite.

Si efectúa usted un listado del lineal, le será útil un papel cuadriculado de 1,33 metros, un glosario de abreviaturas de nombres de productos... Todos estos preparativos tienen por objeto facilitarle su trabajo en el punto de venta, y también el trabajo de examen detenido de los resultados y de redacción de su informe.

Escriba su informe esa misma tarde o al día siguiente y distribúyalo lo antes posible. Si este ejercicio es habitual, por lo menos una vez al trimestre, déle un numero (*store-check* n.º 1, n.º 2...) y siga el mismo modelo. Este informe ha de ser breve, los cuadros o tablas sintéticos, y los análisis muy sencillos, teniendo cuidado de no poner en un compromiso a la persona que gestiona los puntos de venta que visita, ni a su jefe, ni a los responsables de las cuentas clave.

A tener en cuenta: el *store-check* es la coartada ideal para enmascarar las ausencias de la oficina y realizar entrevistas de contratación.

Los estudios colectivos

Se trata de estudios cuyo coste es compartido por varias empresas. Por ejemplo, existen encuestas (ómnibus) colectivas, en las que 2.000 personas son interrogadas cada quince días, y cada empresa participante hace

El store-check

1. Listado de precios n.º 1: PRODUCTO SOLAR
2. Ficha n.º 1: establecimiento: la belleza en Sitges

Nombre del fabricante	Nombre del producto	Envase	Código	Precio estándar	Precio promocional	Precio CG	Ruptura	Observaciones
Nivea	Leche bronceadora factor 3	tubo de 70 ml.	50215	no		314		CG 15 días con juego
	Leche bronceadora factor 6	frasco de 125 ml.	50124	no		495		CG 15 días con juego
	Leche bronceadora factor 6	frasco de 250 ml.	50198	737		662		CG 15 días con juego
Ambre solaire	Crema bronceadora factor 4	frasco de 125 ml.	65874	530				
	Crema bronceadora factor 4	frasco de 250 ml.	65321	912				
Club Med	Crema factor 12	tubo de 75 ml.	98475	no	305			juego-concurso
	Crema factor 6	tubo de 150 ml.	98542	no	500			obsequio en cada lote
Otros								

Nota: el texto en negrita debe prepararse en la oficina, lo que puede exigir una primera visita de marcaje y localización e, incluso, la compra de los productos de la competencia.

sus preguntas por la módica suma de 100.000 pesetas por pregunta. Otro ejemplo: GFK realizan estudios sectoriales en diferentes mercados y propone a los **anunciantes** que los adquieran por un elevado importe. El anunciante se convierte, entonces, en suscriptor del estudio.

Los paneles, los estudios de medios y los estudios de audiencia son estudios colectivos.

▶ *Los paneles*

Un panel es una encuesta de frecuencia fija en el que se hacen las mismas preguntas a las mismas personas representativas. La ventaja de un panel en relación con una encuesta clásica procede de la repetición. Las mismas preguntas realizadas cada dos meses permiten, mejor que cualquier otro instrumento, analizar los cambios en los **comportamientos.** El análisis se realiza sobre las variaciones existentes de un período al otro. La segunda ventaja, que es general en las encuestas, es la posibilidad de hacer una extrapolación a toda la población.

Para conocer los comportamientos de los consumidores es posible, o bien interrogarles directamente –es el principio del panel de consumidores–, o bien constatar las compras en los establecimientos –es el principio del panel de distribuidores que aquí estudiamos con detalle.

El panel es un método de encuesta continua. En el caso del panel de distribuidores, cada dos meses (cuatro meses para ciertos productos duraderos), se auditan los mismos puntos de venta. Los listados se ocupan de: las existencias en el departamento y fuera del departamento, las facturas, los pedidos, los albaranes de entrega; los resultados se obtienen comparando con los listados del período precedente.

En Francia, sólo se audita, realmente, un 10% de los puntos de venta, ya que, por extrapolación, los cálculos proporcionan las cifras nacionales. La empresa Nielsen, líder del panel sobre los distribuidores, realiza 350.000 horas de listados al año, con sus 200 inspectores.

La tendencia del mercado va hacia la automatización de la recogida de datos. Secodip y Nielsen (Scantrack) ofrecen ya un panel *on-line*, conectado a las salidas de las cajas.

El panel de distribuidores

Listados Nielsen Conservas Unidades (000)	Total Francia Unidad de valor: millones de francos			
1	**2** Ventas valores	**3** Ventas unidades	**4** Compras	**5** Stocks
Mercado total	14.525 100%	129.657 100%	99.056 100%	55.691 100%
VO	436 3,00%	1.944,86 1,50%	4.952,80 5,00%	3.341,46 6,00%
Marca A (líder)	4.503 31,00%	35.007,39 27,00%	24.764,00 25,00%	14.479,66 26,00%
Marca B (aspirante)	3.341 23,00%	31.117,68 24,00%	18.820,64 19,00%	10.024,38 18,00%
Marcas propias y otras marcas	6.246 43,00%	61.587,08 47,50%	50.518,56 51,00%	27.845,50 50,00%

Explicación de los datos

Columna 2: valor de las ventas a P.VP. (expresadas en miles de francos IVA incluido, precio indicado en el departamento).

La segunda cifra indica la cuota de mercado en valor de ventas, por comparación a la línea 100% de referencia.

Columna 3: Ventas a los consumidores en unidades.

La segunda cifra expresa la cuota de mercado en cantidad de ventas, en relación con la línea 100 de referencia.

Columna 4: compras de los establecimientos (*sell-in*), lo que entra en el almacén expresado en unidades.

La segunda cifra expresa la cuota de mercado en cantidades adquiridas en relación con la línea 100% de referencia.

Columna 5: stock del almacén; las existencias que se encuentran en el almacén, expresadas en unidades.

La segunda cifra expresa la cuota de mercado en cantidad de existencia en comparación con la línea 100 de referencia.

Columna 6: aprovisionamiento es el tiempo, en meses, durante el cual las existencias serían suficientes de seguir el ritmo actual de ventas.

Columna 7: distribución.

Primera línea: DN (distribución numérica), porcentaje de establecimientos que tienen la marca, en relación con el conjunto de establecimientos del universo. Los puntos de venta que tienen ruptura de existencias también se incluyen. Es un indicador de la amplitud difusión de la marca.

Segunda línea: DV (distribución valor), cuota del VN de la clase de producto realizada por losestablecimientos poseedores de la marca o de la variedad estudiada. Es un indicador de la calidad de los establecimientos en los que la marca está presente.

Columna 8: ruptura de existencias. Porcentaje de almacenes que habitualmente tienen el producto en existencia, pero que en el momento en que el inspector pasó por el almacén tienen ruptura de stock. Después de tres rupturas sucesivas, el almacén ya no cuenta en la DN.

Primera línea: ruptura numérica.

Universo del circuito: 6500 Enero-febrero de 1990				20 de marzo de 1995 Página 1			
6 Aprov.	7 DN DV	8 Rupt.	9 % Compra	10 % Venta	11 Media	12	13
5,584	100	1	98	100	8.654	112	100,00
	100	0	99	100	9.974	7.775	
3,35	15	1	10	12	3.672	224	5,77
	52	0	48	50	997	3.810	
3,495	65	0	50	55	3.427	128	36,47
	85	0	72	80	4.143	3.810	
2,596	62	2	54	54	2.570	107	36,51
	63	2	60	59	3.861	2.681	
5,76	98	2	97	95	4.462	101	43,00
	100	1	99	100	4.834	4.006	

Segunda línea: ruptura en valor.
Columna 9: establecimientos que han comprado. Porcentaje de establecimientos activos en compras (por lo menos un pedido a los fabricantes de la marca) durante el período en que se considera la marca.
Primera línea: compradores activos numéricos.
Segunda línea: compradores activos en valor.
Columna 10: establecimientos que han vendido. Porcentaje de establecimientos activos en ventas (por lo menos han vendido un producto al consumidor) durante el período en que se considera la marca.
Primera línea: vendedores activos numéricos.
Segunda línea: vendedores activos, en valor.
Columna 11: Primera línea: existencias medias por almacén.
Segunda línea: ventas medias mensuales (VMM) por almacén.
Columna 12: Primera línea: precio medio al consumidor.
Segunda línea: compras medias mensuales.
Columna 13: cuota de los poseedores (o cuota de mercado en almacén). Es la cuota de mercado de la marca sobre la que se informa en su universo de presencia. Es útil para comparar las marcas que no tienen el mismo nivel de distribución.
Columna 14 (opción): proporción de existencias en superficie de venta, en relación con las existencias en reserva.
Columna 15 (opción): cabeza de góndola.
Columna 16 (opción): producto en promoción.
Columna 17 (opción): producto aparte.
Columna 18 (opción): regalos y juegos.

Estos mismos datos se suministran en forma de gráficos y de ficheros informáticos. Estas tablas sólo se dirigen al público restringido de marketing. Unas de las tareas del jefe de producto es la de «obtener» una síntesis que pueda ser utilizable para los diferentes niveles de personal comercial (director nacional, director de centrales, director regional, jefe de ventas regional, «*merchandiser*»). Según de qué estructura se trate, el jefe de producto hará también un análisis para la dirección general y para la dirección europea (ver capítulo 3).

Estos últimos avances en las técnicas de encuesta permiten:

- una mayor frecuencia de la información (Secodip propone un panel bimensual, muy útil para juzgar el comportamiento de las promociones, o en el caso de productos estacionales);
- unas cifras más exactas: lo que se paga, realmente, en caja, en lugar de una simple diferencia de entradas y salidas de existencias (se eliminan así las salidas cuyos motivos se desconocen: robo, rotura);
- informaciones sobre las cestas de la compra promedio.

▶ *Panel de consumidores*

El principio general del panel de consumidores es el mismo que el del panel de los distribuidores. Las diferencias provienen del tamaño de las poblaciones a audita muy superior en el panel de consumidores.

El panel de consumidores se constituye sobre la base de una muestra aleatoria y representativa a nivel nacional de los hogares.

Se cumplimenta un cuestionario por hogar, indicando de forma precisa sobre una lista de productos lo que se ha adquirido durante un determinado período.

Existen otras clases de paneles especializados para los mercados especiales y que utilizan los mismos métodos que los paneles de los consumidores y distribuidores: la farmacia (panel IMS), la informática o algunos productos industriales y servicios.

▶ *El estudio publicitario de la competencia*

El estudio publicitario consiste en proporcionar, para una categoría de medios, las inversiones publicitarias brutas de las marcas anunciantes del mercado. Por ejemplo (pág. 59) el competidor n.º 1 ha invertido 206 millones de pesetas (según la tarifa base sin descuentos) en televisión durante el último trimestre de 1989, lo que representa una cuota de audiencia del 56%.

Esta clase de información tiene más de una utilidad. Ante todo, para el seguimiento de las acciones de la competencia (la estructura de sus inversiones publicitarias), luego para realizar una comparación entre las cuotas de audiencia y las cuotas de mercado, y por último, para poder realizar una buena interpretación de otras encuestas de notoriedad e imagen.

Globalmente, el estudio es un instrumento indispensable para obtener el máximo partido de sus compras de espacio, y especialmente, para la creación publicitaria. Secodip, Nielsen y otras grandes empresas de estudios proponen unos estudios multimedia para diferentes mercados.

Nota: Un estudio sencillo puede realizarse de forma interna. Para ello hay que analizar las revistas y periódicos, susceptibles de recibir los anuncios de la competencia. El estudio interno es imposible realizarlo cuando se trata de medios tan complejos como la televisión o la publicidad estática.

El panel sobre los consumidores

Secodip. Panel sobre los consumidores en Francia Mercado de productos congelados, período marzo-abril 1992				
	CA para 100 familias en unidades	**Cuota de mercado en %**	**% de las familias compradoras**	**CA por familias compradoras**
Total del mercado	161,09	100	46	3,50
Segmento 1	91,64	57	30	3,07
Segmento 2	40,95	25	22	1,87
Segmento 3	28,51	18	9	3,21
Segmento 1	91,64	100	30	3,07
Marca A	39,27	43	12	3,27
Modelo a1	22,55	25	10	2,28
Modelo a2	16,00	17	9	1,84
Marca B	30,18	33	10	3,06
Modelo b1	21,45	23	10	2,17
Modolo b2	8,73	10	4	2,46
Marca C	12,36	13	6	2,11
Modelo c1	7,64	8	5	1,67
Modelo c2	4,73	5	3	1,52
Marca D	3,27	4	2	1,41
Otras marcas	6,55	7	6	1,09
Segmento 2	40,95	100	22	1,87
Marca A	20,91	51	13	1,61
Marca B	6,95	17	7	1,00
Marca C	6,36	16	5	1,24
Marca D	6,11	15	5	1,36
Otras marcas	0,62	2	0	2,47
Segmento 3	28,51	100	9	3,21
Marca A	1,89	7	1	1,58
Marca B	6,11	21	3	1,90
Marca C	14,51	51	6	2,55
Marca D	4,73	17	2	2,36
Otras marcas	1,27	4	1	1,15
CA: cantidades adquiridas				

También existen estudios especiales para las acciones denominadas «fuera de los medios»: el marketing directo y la promoción de productos de gran consumo. Estos estudios proporcionan las técnicas utilizadas por cada marca y, a veces, una copia de los documentos promocionales.

▶ *Las mediciones del nivel de audiencia*

Las encuestas de medición del nivel de **audiencia** son el centro de eternos debates, ya que lo que está en juego es importante. Se trata de determinar el número de lectores o de oyentes de un medio y, sobre todo, sus perfiles.

En el caso de la prensa escrita, es fácil comparar la tirada en un soporte y sus lectores (la relación entre estas dos cifras constituye la tasa de circulación). Por el contrario, la medición es más difícil en el caso de la televisión, la radio o vallas.

El resultado de estos estudios es, desde luego, determinante para decidir si se inserta o no publicidad en esos soportes. La decisión se tomará de acuerdo con los criterios siguientes:

- Cobertura nacional o regional.
- Número de lectores u oyentes.
- Adecuación del perfil de los lectores y los objetivos de la empresa.
- Precio de la inserción y tasa de negociación.
- Audiencia útil.
- Coste por mil (CPM).
- Afinidad.

Los estudios *ad hoc*

Son estudios realizados especialmente por una empresa que se convierte en propietaria de los resultados. Hay toda una variedad de estudios, cada vez más sofisticados. Los jefes de producto, o los departamentos de estudios de las empresas, acuden, cada vez más, a los estudios a medida. El análisis del mercado proporciona los datos de entrada para la reflexión de marketing. El marketing, como un ordenador, se alimenta de datos de todas clases. Y como en la informática, si los datos son malos (o peor aún, falsos), lo que resulta de ellos no puede ser otra cosa que malo (es el principio informático de *garbage in, garbage out*). Una buena estrategia empieza por una buena recogida de información.

Ejemplo de un estudio publicitario televisado

Estudio según el modelo Secodip – Periodo octubre-noviembre-diciembre 1989
Inversión en 1.000 francos acumulada desde el principio del año

TV Conjuntas	% del mercado	% de la subfamilia	Mercado	TF1	A2	C+	La 5	M6 TV	Total nacional	FR3 regional	FR3
14785	100		Mercado	7327	3131	341	1469	135	12403	2050	332
13176	89	100	(1) Conservas de legumbres	6447	2854	221	1469	135	11126	2050	0
734	5	100	(2) Conservas de frutas	432	277	0	0	0	709	0	25
371	3	100	(3) Conservas semifrescas	94	0	120	0	0	214	0	157
504	3	100	(4) Conservas de pescado	354	0	0	0	0	354	0	150
8254	56		Competidor n.° 1	3941	1444	0	819	135	6339	1850	65
7625	52	58	Marca A (Submercado 1)	3527	1294	0	819	135	5775	1850	0
470	3	64	Marca B (2)	320	150	0	0	0	470	0	0
159	1	43	Marca C (3)	94	0	0	0	0	94	0	65
2555	17		Competidor n.° 2	1474	560	221	150	0	2405	0	150
2051	14	16	Marca D (1)	1120	560	221	150	0	2051	0	0
504	3	100	Marca E (4)	354	0	0	0	0	354	0	150
476	3		Competidor n.° 3	112	127	120	0	0	359	0	117
264	2	36	Marca F (2)	112	127	0	0	0	239	0	25
212	1	57	Marca G (3)	0	0	120	0	0	120	0	92
3500	24		VaTech	1800	1000	0	500	0	3300	200	0
3500	24	27	VO (1)	1800	1000	0	500	0	3300	200	0

Sin embargo, la existencia de demasiados estudios puede resultar perjudicial. Con demasiada información, el jefe de producto no está, necesariamente, mejor informado. Hay que conceder una cierta importancia a la interpretación de las cifras y a la intuición del jefe de producto. Es bien conocido que los tests previos a las campañas matan la creatividad y que sólo se obtiene de ellos una idea, medianamente buena para todos. Es lo contrario de la segmentación y va en contra de la estrategia de marketing.

Antes de encargar los estudios hay que saber bien qué es lo que se busca, y para ello se debe realizar un **buefing análisis.** Este documento recupera el objetivo del estudio, las grandes preguntas a las que debe responder y las limitaciones presupuestarias o de plazos. Este buefing se envía a las empresas de estudios que se encargarán de proponer una técnica, una metodología y un presupuesto aproximado para la realización de la encuesta.

Existen diferentes clases de estudios:

- encuesta cuantitativa,
- encuesta cualitativa.

Estas dos clases de estudios pueden realizarse por entrevista personal, por teléfono, por correo y en grupo.

Es más fácil distinguir los estudios en función de sus objetivos:

- análisis del consumidor,
- análisis de la marca,
- análisis del producto,
- análisis de la comunicación,
- análisis de los clientes y distribuidores,
- análisis de los competidores,
- análisis del mercado global,
- análisis financiero,
- análisis de la propia empresa.

Las diferentes clases de estudios[1]

Análisis del consumidor
   Estudio cualitativo, reunión de grupo de consumidores
   Estudio cuantitativo, por teléfono, entrevista personal...
   Estudio primario, secundario
   Encuesta ómnibus por teléfono, telemática o correo
   Estudios de uso y **actitudes,** de comportamiento
   Panel de consumidores
   Tracking, single source
   Análisis multidimensional (*mapping*)
   Tipología, aplicaciones de los socioestilos o de los euro-socioestilos del CCA
   Test proyectivo (TAT –test de percepción temática–*, folder test)*
   Estudio de las motivaciones y expectativas del consumidor (estudio motivacional)
   Estudio del impacto del *merchandising* en el comportamiento del consumidor
   Estudio de comportamiento, análisis de la sensibilidad del consumidor
   Determinación de los no consumidores absolutos y relativos, de los consumidores de productos substitutivos

Análisis de la marca
   Estudio fundamental de la marca
   Descripción de los territorios de las marcas, *mapping*
   Test del nombre de marca
   Test de aceptabilidad
   Definición del potencial de la marca

Análisis del producto
   Test del concepto de producto
   Test de embalaje
   Tests de los productos (sabor, uso, **envase**),
   test sensorial
   Estudio de imagen y posicionamiento del producto
   Segmentación en función de la primera compra o repetición
   Análisis de la cartera de productos (matriz BCG, método de T. Levitt)

Análisis de la comunicación
   Estudio de imagen y de notoriedad
   Test del logotipo, del embalaje, de la promoción, de la publicidad en el punto de venta, del material editorial...
   Pretest y Postest publicitario, test de impacto, test semiológico
   Test del concepto de un mensaje
   Barómetro de imagen
   Medición del nivel de audiencia, panel Audimat

Análisis de los clientes y distribuidores
   Procesos de decisión de compra de los clientes industriales

> Panel Nielsen o Secodip Intercor sobre los distribuidores, panel escanerizado
> Estudio de urbanismo comercial
> Estudio de satisfacción de la clientela
>
> *Análisis de los competidores*
> Observación interna de la competencia
> Estudio publicitario
> Análisis de la cadena de valor
> Método Arthur D. Little
>
> *Análisis del mercado global*
> Test de mercado
> Matriz de M. Porter
> Matriz Mc Kinsey
> Estudios documentales
>
> *Análisis financiero*
> Control de gestión
> Auditoría financiera
> Capacidad de financiación de la empresa
> Análisis de los socios y de las posibles adquisiciones de participación
>
> *Análisis de la propia empresa*
> Curva de experiencia
> *Programa PIMS (Profit Impact of Marketing Strategy)*
> Análisis de la competitividad de la empresa
> Análisis de los sistemas de información
> Estadísticas internas
> Auditoría de la empresa, de su comunicación interna, auditoría social, auditoría del sistema de información
> Definición de los campos de actividades estratégicas
> Definición de la vocación de la empresa
> Análisis tecnológico de los métodos de producción
> Organigrama, diagnóstico de la organización
>
> 1. Los diferentes tipos de estudios citados se definen en el léxico.

La reflexión estratégica

La fase de reflexión estratégica, que tiene como punto culminante el plan de marketing, es el núcleo del trabajo del jefe de producto. Representa:

– la síntesis de todas las informaciones recogidas,

– el resultado de la reflexión del jefe de producto,
– la fuente de todas las acciones futuras.

Reunida en un solo documento –el plan de marketing– la reflexión estratégica representa «la biblia» del desarrollo de la empresa. Las demás direcciones, de ventas, finanzas, producción, recursos humanos e investigación, elaborarán sus acciones teniendo en cuenta este completo documento.

El plan de marketing se articula alrededor de los puntos siguientes, que estudiaremos sucesivamente:

– los objetivos,
– la segmentación y el posicionamiento,
– la o las estrategias de marketing,
– las políticas operacionales,
– las previsiones de ventas y de volumen de negocios,
– el presupuesto de marketing.

En esta parte, estudiaremos los tres primeros elementos que forman la base del plan.

Los objetivos

El propio nombre de estrategia presupone la definición de un objetivo que hay que alcanzar. En marketing, los objetivos se expresan, con frecuencia, en términos de cuota de mercado, de posicionamiento, de imagen y de rentabilidad. La particularidad del jefe de producto es que se encuentra tan a gusto con los objetivos cuantitativos (+ 3% de cuota de mercado en doce meses), como con los objetivos cualitativos (hacer que la marca sea la preferida de los consumidores, en un plazo de tres años).

El jefe de producto es quien define los objetivos de su marca. Han de estar de acuerdo con los objetivos de la empresa y con los objetivos de otras marcas de la empresa. El papel del director de marketing es el de verificar la coherencia de todos los objetivos de las marcas.

Los objetivos se organizan en tres niveles.

1. La misión

Misión, mercado básico, oficio de la empresa, definición del *negocio* son sinónimos para expresar lo que define, de la mejor forma, el destino de los esfuerzos de la empresa en su mercado.

Cada campo de actividad estratégica de la empresa puede tener una misión distinta.

2. El objetivo principal

El objetivo principal se alcanza cuando todas las acciones recomendadas se han realizado con éxito y sin excepción.

El objetivo principal es concreto: con frecuencia se expresa en términos de cuota de mercado, volumen, beneficio, contribución, notoriedad, imagen, comportamiento,...

Los objetivos deben ser cuantificados, e incluso si este ejercicio es difícil, es posible recordar que un procedimiento de revisión irá adaptando los objetivos con el transcurso del tiempo. Pero antes de comprometer los recursos de la empresa, es importante poder prever cuál será el resultado, si todo funciona.

Además, el objetivo forma parte de un sueño, aunque ha de seguir siendo realista; debe ser ambicioso (o argumentado como tal) a fin de movilizar las fuerzas internas de la empresa. ¿Qué salarios se movilizarían para un objetivo general de aumento de volumen de negocios de un 2%?

3. Los objetivos intermedios o subobjetivos

Los objetivos intermedios forman un sistema de objetivos. El objetivo principal no puede realizarse si no se alcanzan los objetivos intermedios. Todas las acciones colaboran, en diferentes grados, a la realización del objetivo principal. Un objetivo de marketing (aumento de valor de distribución) puede comportar unos subobjetivos que no son de marketing (mejora del sistema informático de los pedidos).

La segmentación y el posicionamiento

Estas dos nociones son la base de la gestión del **marketing diferenciado.**

Lo contrario, es decir, un marketing no diferenciado, consiste en ofrecer el mismo producto a todos los consumidores potenciales. El ejemplo más famoso es el del modelo de coche Ford T, que sólo existía en negro y sin ninguna opción, pero en el mercado no había competencia y las listas de espera estaban repletas. El propio Henry Ford decía de sus clientes que tenían la posibilidad de elegir el color «con tal de que prefirieran el negro». Este ejemplo de antisegmentación es de otra época, y ningún fabricante osaría intentarlo hoy.

La segmentación consiste en elegir, no un mercado global, sino una

Los diferentes objetivos

A título indicativo, presentamos aquí algunos ejemplos de objetivos:

Objetivos dirigidos a la estructura interna
Objetivo de modificación de la estructura de la empresa
Objetivo de cifra de negocios
Objetivo de rentabilidad por medio de la reducción de costes fijos o variables
Objetivo de reducción de costes de producción y de existencias
Objetivo de racionalización de los instrumentos y los condicionamientos de la fuerza de ventas
Objetivo de internacionalización de las actividades
Objetivo de volumen para alcanzar un nivel de producción, un nivel de aprovisionamiento
Objetivo de desarrollo de la cuota de productos nuevos en el volumen de negocio.
Objetivo de limitación de los riesgos
Objetivo de contribución (financiera) de los nuevos productos a los gastos de la empresa
Objetivo de mejora de la calidad de los productos y servicios
Objetivo de cooperación industrial
Objetivo de reequilibrio de la cartera de productos

Objetivos de carácter general dirigidos al mercado
Objetivo de aumento de la cuota de mercado
Objetivo de penetración en un segmento
Objetivo de reconocimiento
Objetivo de segmentación de la oferta
Objetivo de cambio de comportamiento de los usuarios, de los compradores
Objetivo de distribución (circuitos más o menos largos)

Objetivos concretos de cara al mercado
Objetivo de reducción de los plazos de pago
Objetivo de que un producto sea conocido
Objetivo de que se aprecie una marca
Objetivo de hacer actuar al consumidor
Objetivo de aumento de la cuota en lineal
Objetivo de aumento del número de puntos de venta en un circuito (DN)
Objetivo de calidad de los puntos de venta de un circuito (DV)
Objetivo de accesibilidad, de visibilidad de los productos
Objetivo de mejora de la imagen de marca
Objetivo de desarrollo del volumen de negocios
Objetivo de desarrollo del número de clientes
Objetivo de reasegurar a los consumidores
Objetivo de fidelización de su clientela
Objetivo de coherencia y armonía de la empresa
Objetivo de ofrecer más soluciones a un mismo consumidor

parte del mercado, y adaptarse a esa parte, en cuanto concierne a características del producto, precios y comunicación.

La labor de segmentación empieza por la elección de los criterios. Estos criterios provienen de estudios estadísticos y cualitativos que se encuentran en poder del jefe de producto. Por ejemplo, en el caso de los propietarios de hogares, el criterio de segmentación, por ejemplo «posee animal de compañía» es un criterio lógico cuando se sabe que una parte de esta población asocia la casa con el perro o el gato.

Una vez que se han elegido y jerarquizado los criterios, el jefe de producto comprueba la segmentación para comprobar si el reparto es lógico y si los grupos son bien distintos los unos de los otros. Expone las exclusiones y las inclusiones. O sea, investiga la homogeneidad en el interior de cada grupo. Por último, habrá que preocuparse por la posibilidad de actuar, en términos de comunicación, sobre los grupos seleccionados.

A la hora de la elección de los segmentos, la empresa puede tener limitaciones que debe hacer valer. Por ejemplo, existe una limitación del potencial de venta si el proceso de producción no permite una flexibilidad adecuada. La limitación puede proceder del circuito de distribución o, incluso, de la solvencia de los clientes.

Una vez que se ha(n) determinado el(los) segmento(s), el papel del jefe de producto es el de posicionar los productos en función de las expectativas del segmento y de los posicionamientos de la competencia. El posicionamiento definitivo del producto expresa la forma en que la empresa desea que el segmento elegido perciba al producto o a la marca.

Este ejemplo muestra la segmentación del mercado de usuarios de maquinillas de afeitar. Para completarla es necesario cifrar los potenciales de mercado en el interior de los dieciséis grupos. Después del análisis cuantitativo de cada grupo, el jefe de producto decidirá posicionar su maquinilla en el segmento de las mujeres que acuden menos de cinco veces al año a una esteticista. A los distribuidores les será fácil manejar este objetivo, ya que sus clientes parecen tener un poder de compra superior y el jefe de producto preve que convencerá al 25% de este grupo para que utilicen su aparato de rasurado.

La estrategia de marketing

Cuando se habla de estrategia, hay que ser muy prudente, y aún más cuando se pone en marcha. Unas cuantas palabras escritas sobre una hoja de papel pueden, a veces, cambiar el trabajo de decenas de personas, y, por lo tanto, hay que pensárselo dos veces, y más cuando sólo se trata de

Segmentación para el mercado de maquinillas de afeitar

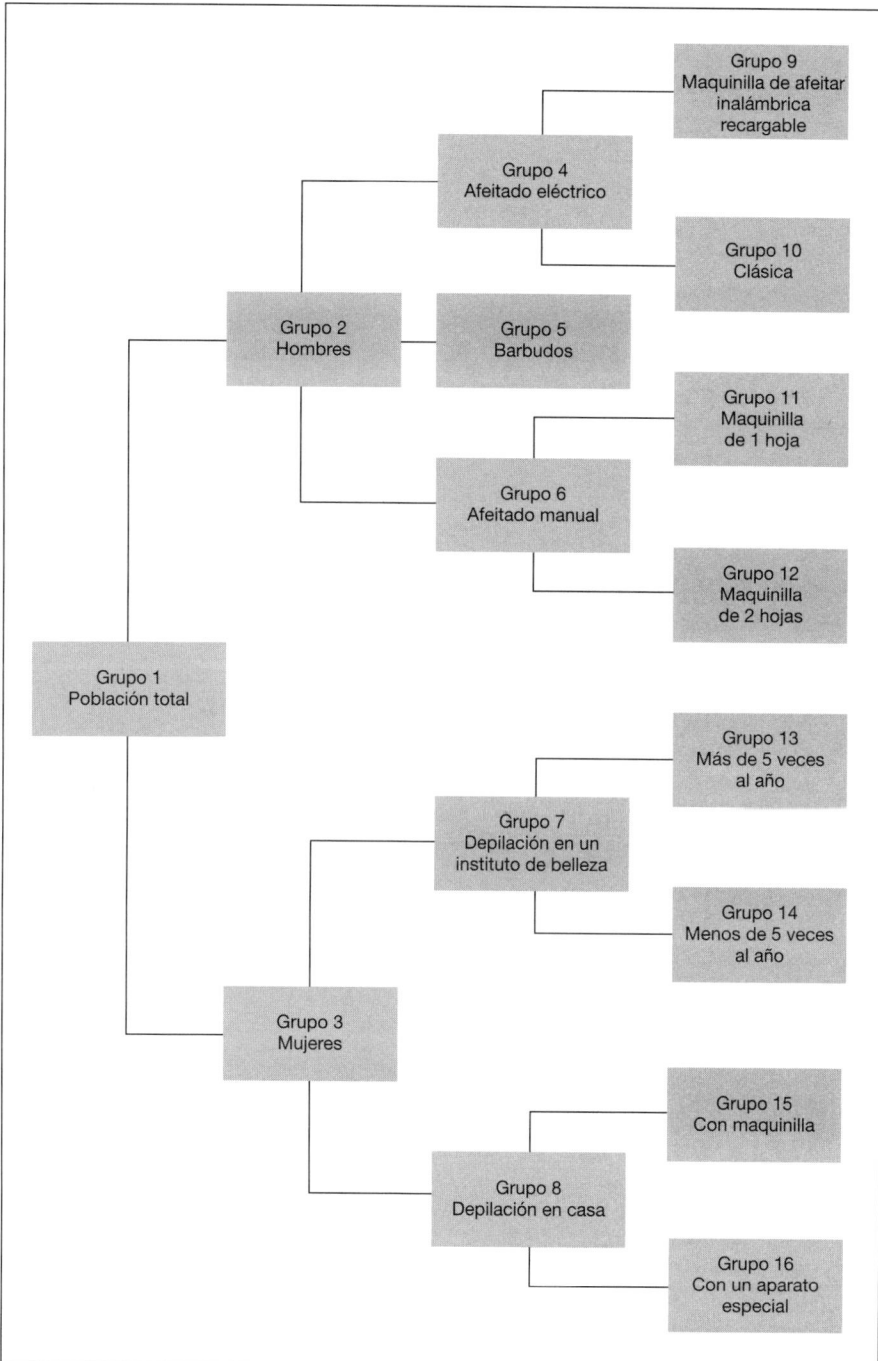

	Grupo 9 Maquinilla de afeitar inalámbrica recargable
Grupo 4 Afeitado eléctrico	
	Grupo 10 Clásica
Grupo 2 Hombres — **Grupo 5** Barbudos	
	Grupo 11 Maquinilla de 1 hoja
Grupo 6 Afeitado manual	
	Grupo 12 Maquinilla de 2 hojas
Grupo 1 Población total	
	Grupo 13 Más de 5 veces al año
Grupo 7 Depilación en un instituto de belleza	
	Grupo 14 Menos de 5 veces al año
Grupo 3 Mujeres	
	Grupo 15 Con maquinilla
Grupo 8 Depilación en casa	
	Grupo 16 Con un aparato especial

una cuestión de matices. La estrategia de lanzamiento de nuevos productos no significa por fuerza que se trate de una estrategia de innovación: los productos lanzados pueden ser copias que no necesitan ni investigación ni desarrollo.

La estrategia es un plan que prevé el conjunto de acciones necesarias para alcanzar un objetivo. La elección de una estrategia se explica por su relación con dos ejes.

- Los objetivos internos de la empresa. *Efectos internos deseados*: estrategias de racionalización, de aumento de volumen, de aumento del beneficio, de utilización de las estructuras...
- Las modificaciones sobre el entorno o medio ambiente. *Efectos externos deseados*: estrategias relacionadas con el mercado, el producto, los circuitos, el precio, la comunicación, la competencia, el crecimiento...

El ejercicio de elaborar una estrategia es el resultado de un largo trabajo de investigación y de propuesta de objetivos a su superior jerárquico hasta llegar a obtener una aprobación. A fin de resolver mejor las cuestiones de estrategia sobre un producto o una marca, es necesario listar los problemas a tratar.

1. Análisis (se revisarán todos los métodos de estudios y encuestas, a fin de elegir los más adecuados).
2. Propuesta de objetivos.
3. Propuesta de estrategias.
4. Exposición de los medios y presupuesto correspondiente.
5. Test de la estrategia en pequeña escala, y luego aplicación general de la misma.

Después de cada fase se solicita la aprobación del superior jerárquico y, eventualmente, el de la dirección general para los proyectos de gran envergadura.

Las principales causas de fracaso de las estrategias son:

- una buena estrategia mal aplicada sobre el terreno,
- un mal estudio de los problemas que hay que solucionar,
- una mala elección del objetivo,
- un mal conocimiento del terreno, una mala comunicación y coordinación con la fuerza de ventas,
- La competencia reacciona más rápidamente de lo previsto,
- la dirección general no está convencida.

Las diferentes estrategias de empresa

Estrategia de repliegue
La empresa vuelve a su actividad básica.

Estrategia de mantenimiento
La empresa conserva su cuota de mercado, adaptando ligeramente su oferta según las evoluciones de la demanda.

Estrategia de fidelización (ganarse la confianza de la clientela)
La empresa conserva su cuota de mercado, recordando su presencia y oponiéndose a la competencia.

Estrategia de conquista
La empresa elige una estrategia dinámica que modifica, en gran manera, su posición en el mercado (un producto nuevo, un nuevo segmento de clientes, un nuevo circuito de distribución...)

Estrategia de sofisticación
Una empresa utiliza la imagen particular de su marca para lanzar productos corrientes.

Estrategia de imitación
La empresa copia los productos líder.

*Estrategia de **benchmarking***
La empresa establece unas normas superiores, emitidas por empresas líderes en otros sectores de actividad, y se inspira en esos mismos métodos para progresar.

Estrategia de «pionero» (first to the market)
La empresa intenta, por todos los medios y cueste lo que cueste, ser el primero que aparece en un mercado.

Estrategia de distanciamiento
La empresa elige un nuevo mercado, una nueva actividad para limitar su dependencia de su actividad original.

Estrategia de cobertura máxima
La empresa intenta satisfacer todas las necesidades de todos los segmentos de población, por medio de una oferta apropiada.

Estrategia de depuración
El empresa retira de su oferta todo aquello que es inútil en relación con las verdaderas necesidades de sus clientes.

Especialización por segmento de mercado
Una empresa se especializa en su segmento de mercado. A partir del conocimiento de este segmento, intenta satisfacer un gran número de necesidades de una misma categoría de consumidores.

Estrategia de especialización por nicho de mercado
La empresa toma un producto existente y lo dedica, totalmente, a un segmento de la clientela

Estrategia de líder
La empresa se aprovecha de su posición superior (en términos de costes, histórica, de experiencia, de estructura financiera) para justificar y reforzar su posición.

Estrategia de seguidor
La empresa sigue al líder y al aspirante/retador en sus iniciativas, a fin de mantener sus cuotas de mercado.

Estrategia de acoso al líder
> La empresa utiliza su dinamismo, sus buenas relaciones de clientela y su flexible organización para ocupar la plaza del líder.

Estrategia de expansión geográfica
> La empresa amplía su campo de acción más allá de sus fronteras habituales.

Estrategia de crecimiento intensivo
> La empresa mejora la posición en sus campos de su actividad estratégica, por medio de la captación de cuotas de mercado a la competencia.

Estrategia extensiva de desarrollo de mercado
> La empresa participa (por medio de una acción individual o colectiva) en el aumento de la demanda primaria, al conseguir nuevos consumidores.

Estrategia intensiva de desarrollo de mercado
> La empresa desarrolla el consumo del mismo producto con los mismos consumidores, proponiéndoles nuevos usos o cambiando los hábitos de consumo.

Estrategia de especialización por producto
> La empresa desarrolla todas las aplicaciones de su producto líder, a fin de satisfacer numerosos segmentos de mercado con el mismo producto. El producto no está diferenciado, pero la oferta puede ser específica para cada segmento.

Estrategia de especialización de una gama
> La empresa desarrolla tantas variantes de su producto como aplicaciones existen.

Estrategia de especialización tecnológica
> La empresa posee una competencia profesional tecnológica que utiliza para fabricar diversos productos, sin relación aparente entre ellos.

Estrategia de innovación
> La empresa aporta a sus productos unos cambios suficientemente importantes para que sean o parezcan nuevos.

Estrategia de diferenciación
> La empresa modifica las características técnicas de su oferta a fin de distinguirla de la de los competidores.

Estrategia de posicionamiento
> La empresa adopta un posicionamiento fuerte del producto, abandonando y sacrificando todas las ventas que no refuerzan este posicionamiento.

Estrategia de distribución exclusiva
> La empresa intenta ser la única representada en un punto de venta.

Estrategia de distribución selectiva
> La empresa elige a sus distribuidores según ciertos criterios, lugar, presencia de vendedores especializados, posibilidad de demostración

Estrategia de distribución intensiva
> La empresa intenta multiplicar los encuentros con el consumidor en la mayor cantidad de puntos de venta posibles.

Estrategia de penetración
　　La empresa practica una política de precios bajos para hacer que su producto sea atractivo para la mayor cantidad posible de compradores.
Estrategia de descremación
　　La empresa practica una política de precios altos, para justificar un posicionamiento, o para rentabilizar el producto antes de que lo copien.
Estrategia de discriminación
　　La empresa practica una política de precios altos, con descuentos accesibles, únicamente, para ciertos compradores.
Estrategia de pull (atracción)
　　La empresa se comunica a fin de hacer que su oferta sea deseable y que el consumidor lo solicite expresamente. Se trata de hacer adquirir el producto.
Estrategia de push (estimulación)
　　La empresa hace que su producto sea muy accesible, en términos de precio, de disposición... para que el propio producto se imponga al consumidor. Se trata de hacer vender el producto.
Estrategia de crecimiento externo
　　La empresa toma posesión de otra empresa, compra una cuota de mercado en lugar de crearla, por medio del desarrollo de sus propias marcas.
Estrategia de crecimiento integrador
　　La empresa compra un competidor directo, un proveedor directo o un distribuidor. Con frecuencia se trata de una medida de precaución.
Estrategia de diversificación vertical
　　La empresa compra otra empresa con quien podrá comerciar y desarrollar sus sinergias.
Estrategia de diversificación horizontal
　　La empresa compra una empresa del mismo nivel. La empresa adquirida tiene, con frecuencia, un punto común con la compradora: el mismo cliente o el mismo proveedor, o productos de la misma imagen...
Estrategia de diversificación financiera
　　La empresa adquiere participaciones financieras en empresas más rentables que ella misma.

El plan de marketing

El plan de marketing es una planificación de las acciones previstas que se desprenden de los objetivos y de la estrategia. La justificación del plan de marketing es asegurar la coherencia de las acciones y la delegación de tareas en el interior de la empresa. El plan de marketing es, ante todo, un documento de referencia, una compilación bien organizada de ciertas informaciones estratégicas (que, por lo demás, ya existen) sobre el producto y la marca. Es un documento recapitulativo de planificación al que todo el mundo puede recurrir. Su articulación alinea los objetivos, la estrategia y las acciones, para verificar, por última vez, la coherencia antes de la ejecución. Se organiza alrededor de los temas siguientes.

1. El resumen de gestión.
2. El análisis.
3. La estrategia.
4. Las recomendaciones de acción.
5. Las previsiones de ventas y de beneficios.
6. Los presupuestos.

No detallamos estos puntos (salvo por lo que respecta al resumen de gestión), ya que se estudian en las partes que los conciernen.

▶ *Resumen de gestión*

Es el hilo conductor que permite al lector apreciar de un vistazo el buen fundamento del plan. Es la página de control. Esta página explicativa está situada delante del análisis y la estrategia, a fin de que sirva, de clave para su lectura.

El resumen de gestión consta de tres partes.

- *Las características básicas:* elementos principales de los puntos fuertes y los puntos débiles, elementos principales del contexto económico, hechos notables del producto, de las cuotas de mercado. Esta parte recoge únicamente los elementos que tienen una relación directa con la estrategia futura.
- *El objetivo y el sistema de objetivos*: enunciado del objetivo principal del plan de marketing, así como una lista resumida de los objetivos secundarios. El aspecto sintético no debe hacernos olvidar las cifras. Si un objetivo es la captación de nuevos usuarios, hay que precisar cuántos y en qué lapso de tiempo.
- *La síntesis de los planes de acción:* las líneas principales del plan de marketing y algunas recomendaciones de acciones importantes, cifras clave del presupuesto. Unas cuantas palabras sobre la estrategia general. Es el momento de correr riesgos y evaluar la aportación, en cifras, de cada una de las acciones importantes: «El lanzamiento de X aportará, en un plazo de dos años, un 15% de la cifra de negocios de la empresa y un 10% del margen total. Los resultados de este lanzamiento, en términos de contribución, ayudan a la reducción general de los gastos generales en un 5%». Con esta informa-

ción, el resumen de gestión desempeña su papel de incitador a la lectura y de llave de entrada para el análisis y los objetivos.

▶ *El análisis*

Se puede calificar de constructivo aquel plan que no se limita a formular una serie de ideas, de proposiciones sometidas a ciertas eventualidades, sino que se apoya en puntos de análisis establecidos.

El análisis que se presenta es una síntesis del balance de situación, y en ningún caso se trata de un estudio completo del mercado.

▶ *La estrategia*

Es la explicación y la justificación de la estrategia de marketing propuesta por el jefe de producto.

▶ *Las recomendaciones de acciones*

Cada descripción de acción incluye:

– un objetivo o varios objetivos,
– una descripción de la acción,
– su modalidad,
– su propósito u objetivo,
– su duración,
– las implicaciones financieras y/o humanas,
– los efectos coyunturales o estructurales,
– los resultados esperados,
– los criterios de evaluación.

Si hay varias acciones que entran dentro de la misma lógica, es preferible asociarlas a fin de no repetir los elementos comunes.

Con la finalidad de facilitar la lectura, siempre se apreciará una presentación estándar de las acciones (ver página 137).

▶ *Las previsiones de ventas y de beneficio*

Es la recapitulación de los trabajos de planificación. El jefe de producto deberá tener interés en proponer varios niveles de lectura, desde el global de la marca, hasta el detalle para cada referencia.

▶ *Los presupuestos*

Es primordial valorar las acciones propuestas. Al ser las finanzas el núcleo de la cuestión, la rentabilidad de las empresas es un criterio de éxito. Es preciso que los presupuestos de los que se parte sean adecuados a los resultados esperados.

La utilidad de esta parte es la de presentar un resumen presupuestario, bajo la forma de una tabla o de un gráfico, de la globalidad de las acciones reunidas y elegidas según varios criterios (tiempo, clase de acción, grado de prioridad).

Es necesaria la existencia de un comentario sobre las cantidades invertidas, en comparación con el pasado, en comparación con la cifra de negocios, en comparación con los resultados esperados o cualquier otro parámetro.

Si usted no conoce exactamente el coste de ciertas acciones que realiza, indique los límites de los recursos presupuestarios.

Los nuevos proyectos de empresas

En el marco general de los proyectos de empresas, los años 80 han presenciado la fuerte aparición de los proyectos de calidad total. Los años 90 consagran el *benchmarking* y el *reengineering*.

El *benchmarking* consiste en tomar un punto de referencia (un *benchmark*) de entre las mejores empresas del mundo, adaptarlo a su estructura e implantar un plan para alcanzarlo. Esta rápida definición oculta la novedad principal del *benchmarking*: la elección de la referencia. La referencia (o el objetivo) se elige, no dentro del campo de actividad de la empresa, sino dentro de la economía, en general. Por ejemplo: un distribuidor encontrará, si tiene suerte, modelos en las empresas informáticas (para la gestión del proyecto) y en los bancos (para la recepción de clientes).

El *reengineering* es un concepto, aún más global, para volver a pensar de nuevo la empresa, en todos sus detalles. La idea general es reconstruir la empresa, en torno a una nueva definición de su actividad o profesión y de las expectativas de los clientes.

Es preciso contemplar estos proyectos de empresas con interés, sin querer, de algún modo, implantarlos en su empresa. Sea cual sea el método que se siga, la verdadera voluntad de los dirigentes de adaptar la empresa al entorno o al medio ambiente, que es más importante que los falsos proyectos de empresas que dan pie a una reestructuración que, por otra parte, es inevitable.

La planificación

Los elementos de la planificación se encuentran al final del plan de marketing, bajo la forma de un resumen valorado de las acciones y medios que se realizarán o implantarán. De una parte los ingresos, junto con las previsiones de ventas y de volumen de negocios; por otra, las inversiones en marketing y publicidad, los gastos generales y los costes de producción.

La presentación de la planificación es diferente para cada empresa, y corresponde a su propio sistema de información.

De manera general, el trabajo de planificación de un jefe de producto se articula en torno a los cuadros de mando, las previsiones de ventas y de presupuesto (para la empresa y para sus gastos de marketing).

Los cuadros de mando

Antes, incluso, de los ejercicios de planificación, el jefe de producto construye sus cuadros de mando. Son el instrumento de dirección para la planificación. Bajo la forma de una recopilación fácil de leer, de interpretar, de consultar y de poner al día, se encuentran todas las cifras capaces de explicar las variaciones de la demanda. Variaciones de la demanda, tanto en volumen, como en lo referente a precio, distribución, competencia, presión comercial, demografía, evolución de los segmentos...

El cuadro de mando tiene la pretensión de reunir los factores clave del entorno de la empresa que influyen, aunque sea de lejos, en su resultado. Es necesario un cierto número de años para construir un buen cuadro de mando, en la medida en que es preciso correlacionar los índices con las diferentes cifras de la empresa (VN, resultado, valor añadido, margen).

La variedad de índices necesarios es importante, según cual sea el sector que se considere. A continuación le proporcionamos una versión esquemática de un cuadro de mando.

El jefe de producto tiene plena libertad para modificar este ejemplo hasta el infinito pero, ¡cuidado con no pasarse!

Las previsiones de ventas

Aparte de la previsión anual de ventas que aparece al final del plan de marketing, y que sirve de presupuesto de base para las inevitables revisiones, las previsiones de ventas se periodifican mensualmente. Están desti-

Cuadro de mando (Tableau de bord)

Según cual sea el ciclo de venta y la estacionalidad, hay que elegir cifras anuales, trimestrales, mensuales...	Trimestre 1	Trimestre 2	Trimestre 3
Inflación			
Población activa (en millones)			
PNB			
Balanza de pagos			
Consumo de los hogares			
Índice de los precios de la construcción			
Número de permisos de construcción concedidos			
Número de puestas en marcha			
Número de matriculaciones de vehículos nuevos			
Número de matriculaciones de vehículos de ocasión			
Toneladas de cartón de embalaje consumido			
Interés bancario tipo			
Natalidad			
Porcentaje ahorrado sobre la masa salarial			

nadas a que producción pueda planificar las diversas fabricaciones. Bajo la óptica de una buena gestión general de la empresa, especialmente por lo que respecta a los gastos de almacenaje y entrega, de las existencias de materias primas y de productos acabados, de las tasas de ocupación de fábrica, las previsiones facilitadas por el jefe de producto son fundamentales.

Las previsiones se vuelven a actualizar todos los meses, siguiendo las nuevas tendencias del mercado, las indicaciones de los comerciales, los cambios de gama, las acciones de la competencia y las promociones de la empresa. Cada nueva actualización da lugar a una nueva estimación del total anual de ventas (se trata del *latest estimate*).

El jefe de producto calcula las previsiones a partir del momento en que se conocen las cifras de ventas mensuales, es decir, alrededor del día 5 de cada mes. Las previsiones están detalladas por referencia, y también incluyen los productos promocionales y las presentaciones especiales (lotes, PPV,...). En función de la organización de las fábricas, especialmente de su flexibilidad, no es posible modificar, inmediatamente, los lotes de fabricación. Pero las previsiones permiten ajustar mejor el nivel de existencias.

Para calcular las previsiones de ventas se utilizan varios métodos. La elección de un método depende de la clase de producto y de la distribución. Una mala previsión de ventas provoca un exceso de existencias o, más grave aún, la ruptura de stocks de los productos.

En el caso de un exceso de existencias, la empresa se ve penalizada por los gastos de stock inmovilizado, que se calculan en comparación con el coste del dinero. El fenómeno se agrava si la fábrica está sobrecargada, ya que la fabricación de los productos no vendidos se efectúa en lugar de otros productos, o con un coste más elevado que incluye las horas extras de trabajo.

En el caso de la ruptura, la empresa pierde, parcialmente, ventas de producto y se añaden otros fenómenos agravantes, ya que en ese caso los clientes se sienten tentados a probar otra marca y, luego, seguirle siendo fieles.

La ruptura en una referencia concreta puede comprometer la venta de otros productos, ya que algunos distribuidores no aceptan más que entregas completas de sus pedidos. Además, una ruptura puede engendrar gastos de entrega adicionales, a cargo de la empresa, cuando debe enviar, más tarde, los productos restantes al cliente.

En cualquier caso, las malas previsiones de ventas tienen consecuencias importantes para una empresa, en términos financieros y de imagen.

Cómo hacer unas buenas previsiones de ventas...

- Elegir el buen método de previsión[1] de acuerdo con los productos que se consideren.
- Poseer un buen histórico, referencia por referencia, con indicaciones concretas y precisas de datos exógenos (rupturas, promoción, cambio de acondicionamiento, cambio de embalaje, aparición de nuevos competidores, cambio de precio, pérdida o ganancia de clientes...).
- Consignar todas las indicaciones y datos disponibles para poder consultarlos en el momento de elaborar la previsión.
- Después de cada período, analizar los desfases entre las ventas reales y las previsiones. Obtener conclusiones claras.
- Consultar, de forma periódica, a la fuerza de ventas para obtener un complemento de información respecto a las rotaciones anormales de un producto.

---

1. Según cuáles sean las características del producto (estacionalidad, linealidad), ciertos métodos estadístico son más apropiados que otros.

- No dejar nunca que el ordenador calcule, por sí solo, las previsiones de venta sin luego verificarlo atentamente.
- Las previsiones de venta se realizan en unidad, volumen, peso, pero nunca en pesetas, ya que en ese caso habría que tener en cuenta el valor actual (deducción de la inflación).

Ficha de previsiones de venta

Previsión de venta para la referencia 182.
Designación: frasco de tricloroetileno 1 litro.
Fecha: 6 de julio de 1994
Última venta conocida: junio de 1994

		En.	Feb.	Mar.	Abril	Mayo	Jun.	Jul.	Ago.	Sep.	Oct.	Nov.	Dic.	Total
Real	1989	381	311	362	374	388	372	347	172	398	412	375	274	4.166
Real	1990	393	342	380	397	387	401	349	193	405	410	367	301	4.325
Real	1991	425	364	381	406	402	384	367	214	412	457	412	307	4.531
Real	1992	405	372	205	507	456	372	350	168	387	409	412	279	4.322
Real	1993	411	335	301	361	377	342	319	205	348	350	352	255	3.956
Real	1994	366	323	321	301	339	330							1.980
Previsión inicial	1994	371	321	354	369	371	356	357	185	402	415	365	259	4.105
Previsión actualizada	1994	371	315	362	330	365	340	325	185	395	405	350	260	4.003
Desfase vs[1] la previsión inicial		−5	2	−33	−68	−32	−26							−162
Desfase vs[1] la previsión actualizada		−5	8	−41	−29	−26	−10							−103
Media mensual		396,8	341,2	325,0	391,0	391,5	366,8	346,4	190,4	390,0	407,6	383,6	283,2	4232,7

1. vs: en comparación con

Explicación de las principales variaciones según los datos exógenos conocidos

- Enero corresponde al mes de almacenamiento después del inventario
- Ruptura producida en marzo de 1992
- Cambio de precios en febrero de 1993
- Cierre del servicio a los clientes en agosto
- En diciembre no se sirven pedidos antes del inventario
- Promoción en noviembre de 1991 a fin de eliminar existencias en la fábrica
- Cambio de embalaje en noviembre de 1992

El presupuesto de la empresa

El establecimiento de los presupuestos es un ejercicio anual (con revisiones trimestrales o mensuales) que presenta los ingresos previsibles de la empresa, por producto. Los presupuestos elaborados por el jefe de producto serán, luego, consolidados con todos los demás productos a fin de obtener un presupuesto total y global de la empresa.

Cada presupuesto pasa, en general, por las fases que se describen a continuación.

Presupuesto inicial

Presentación al superior jerárquico
(llegado el caso, junto con hipótesis)

↓

Consolidación por departamento
(el superior jerárquico recoge las hipótesis)

↓

Presentación a la dirección

↓

Acuerdo global o parcial

↓

Cada departamento revisa su presupuesto; marketing tiene en cuenta las nuevas limitaciones o exigencias de la dirección

El presupuesto de ingresos se desglosa en previsiones de ventas y revisión de precios. Se establece, referencia por referencia, y luego se globaliza a nivel de la marca.

Presupuesto global de la empresa

	En.	Feb.	Mar.	Abril	Mayo	Jun.	Jul.	Ago.	Sep.	Oct.	Nov.	Dic.	Total
Marca 1													
Cantidad													
Precios netos													
Precio de coste													
Gastos fijos													
Presupuesto de													
marketing													
Beneficio													
Marca 2													

Los presupuestos de marketing

En este caso, se trata del presupuesto operativo de marketing y de las inversiones en promoción y publicidad. El presupuesto de gastos se detalla por cada tipo de acción.

Una vez que se ha aprobado el presupuesto, los financieros hacen el seguimiento del estado de compromiso, es decir, las cantidades ya comprometidas (y las ya, forzosamente, pagadas) por el jefe de producto.

El nivel de control varía, dependiendo de los procedimientos de la empresa. A veces, es necesario organizar un concurso o licitación para toda clase de gastos. O sencillamente, será suficiente con el presupuesto de un proveedor. Cada partida de gastos deberá ser justificada por una acción concreta.

La presentación del presupuesto debe ser impecable, a fin de no permitir que se crea que usted lo considera provisional y, por lo tanto, sujeto a cambios.

Se impone la utilización de un ordenador y de una hoja de cálculo, para hacer los presupuestos. Tenga cuidado de definir, muy bien, cada zona en función de una celda de parámetros generales. Si es preciso reducir un 10% cada importe, no tendrá más que modificar una sola celda, la del parámetro.

Presupuesto marketing-comunicación

1	Celda de parámetros =	1 para un presupuesto del 100% 0,9 para una reducción del 10%...			
Partida			**N+1**	**N**	**N-1**	**N-2**
Medios						
Cine						
Radio periférica						
Radio FM						
TV hertziana						
TV por cable						
Internet						
Teletexto						
Videotexto						
Publicidad estática/vallas						
Fijación de carteles y/o anuncios en un medio de transporte						

(continúa)

(continuación)

Partida	N+1	N	N-1	N-2
Inserción electrónica de publicidad				
Anuario telefónico (páginas amarillas y internet 11)				
Anuarios profesionales				
Prensa (prensa diaria regional y nacional)				
Prensa gratuita de distribución general				
Prensa gratuita de difusión selectiva (boletín de solicitud)				
Revistas				
Envío directo único				
Envío directo múltiple				
Prospectos				
Folletos y catálogos				
Publicidad en el punto de venta				
Timbres, vales				
Sorteos, concursos				
Calendarios				
Agendas				

Nota: un truco para no pasarse del presupuesto. Si hay ciertos cargos que también corresponden al ejercicio siguiente, pueden ser imputados a éste. Los contables los registrarán como pagos por adelantado y, por lo tanto, dejarán intacto el presupuesto de marketing.

El control

El papel del jefe de producto es también controlar que la estrategia que ha recomendado, que ha implantado y que ha ayudado a aplicar, dé buenos frutos. En otras palabras, que los recursos previstos estén de acuerdo con las inversiones que se hacen.

En primer lugar, ejerce un control sobre las cantidades vendidas, luego sobre los beneficios y, por último, sobre su propio presupuesto.

▶ *Los presupuestos de ventas y el control de las desviaciones*

El control de las desviaciones entre las previsiones de venta y las ventas reales se lleva a cabo todos los meses. Es primordial reservar el tiempo necesario para realizar esta tarea y, sobre todo, hacerlo con calma. No es el momento de enloquecer, ni de soluciones de emergencia... sino del análisis sereno de la situación.

Para un mismo desfase entre cantidades vendidas y presupuestadas, se imponen varias comparaciones:

- con el mismo período del año precedente,
- con las medias móviles de los últimos doce meses,
- con las inversiones promocionales y publicitarias comprometidas,
- con las restantes marcas del mercado,
- con los pedidos medios y con el número total de pedidos.

Una vez que el desfase ha sido bien identificado, es preciso explicarlo, y luego, si es posible, proponer acciones correctoras.

▶ *El control del beneficio de las marcas*

¿Cuáles son los elementos que han deteriorado las previsiones de beneficio?

- Un descenso en las cantidades vendidas: ¿en qué circuito? ¿En qué sector? ¿En qué cadena? ¿La baja es proporcional con la baja general del mercado? ¿Se trata de una pérdida de cuota de mercado?
- Un descenso del precio de venta medio: ¿una promoción salvaje? ¿Problemas con la clientela? ¿Alineamiento con la competencia?
- Un aumento del precio de las materias primas: ¿de qué proveedor? ¿Una materia prima reemplazable? ¿Qué porcentaje de cambio? ¿La subida es generalizada?
- Un aumento del precio de coste: ¿coste de producción? ¿Transporte? ¿Reestructuración de los costes de fábrica?
- Fenómenos excepcionales: ¿una inversión promocionales y publicitarias mal realizada? ¿Los gastos financieros?

Si el jefe de producto obtiene respuestas a estas preguntas, la explicación de desviaciones en los beneficios aparecerá de forma clara. No hay duda de que se implantará un plan de acción, para equilibrar las desviaciones. Desgraciadamente, la dirección general decide, con frecuencia, reducir los gastos promocionales y publicitarias para lo que resta del año. Se puede decir, sin extendernos, que esta clase de acción aumenta, matemáticamente, el beneficio, pero reduce, automáticamente, la coherencia de la marca a medio y a corto plazo.

▶ *Los gastos de marketing y el control de las desviaciones*

Es la parte más sencilla del control, ya que se trata de gastos ya comprometidos por el jefe de producto, en el marco del presupuesto de marketing. Con cada pedido que hace a un proveedor, el jefe de producto compromete una parte de su presupuesto. Para llevar el control hay que examinar los compromisos, es decir, contabilizar los gastos aunque no haya llegado la factura, e incluso si la mercancía aún no ha sido entregada.

El jefe de producto no controla algunas partidas al 100%, (estudios generales, descuentos comerciales, la cuota de impresión de los documentos generales...). El jefe de producto no debe limitarse a constatar las desviaciones, sino que debe pedir a las personas implicadas que obtengan una autorización para rebasar el presupuesto.

6

La política operativa de marketing del jefe de producto

El mercado y su entorno

El centro de información y de documentación

El jefe de producto es un centro de documentación sobre su producto y su mercado. Tiene el deber de guardar todos los elementos que, un día, podrían permitir responder a las preguntas de un nuevo jefe de producto, o de una persona externa al marketing. El jefe de producto tiene diversas fuentes de documentación:

- las fuentes internas de la empresa,
- las estadísticas publicadas por organismos oficiales, o paraoficiales,
- los diversos estudios publicados por organismos privados y asociaciones,
- los estudios encargados a empresas especializadas.

El trabajo del jefe de producto consiste en procurarse esta voluminosa documentación y transformarla en información. La parte más difícil de conseguir y de analizar es la información interna, ya que existe un juego de «yo te doy si tu me das» entre los diferentes colaboradores de la empresa. Cada persona que proporciona una información al jefe de producto espera que se le proporcione algo a cambio, por ejemplo:

- el control de gestión desea recibir «a cambio» el reparto de los costes por referencia, la cifra de negocios previsional de las distintas marcas;
- el jefe de sector desea que las informaciones sobre un competidor, se transformen en un análisis de los precios netos del mercado.

Para el jefe de producto es laborioso manejar este intercambio de información, pero es el precio que ha de pagar para que no se agoten sus fuentes de información.

El cuadro de mando es la oportunidad de analizar una parte de las estadísticas a fin de que se conviertan en información útil. La observación de la competencia es otra de esas oportunidades.

La observación de la competencia

El conocimiento del adversario es una buena baza para la conquista de las cuotas de mercado. La recolección de datos se efectúa a lo largo de los años, es utópico querer llenar una ficha de la competencia en un solo período. El aspecto sistemático de la observación de la competencia permite no perder jamás una información, una vez que nos ha llegado.

Ficha de la competencia

Nombre:

Dirección de la sede social:

Direcciones de los establecimientos:

Estructura jurídica/capital social:

Código NIF:

Accionistas:

Participación en las filiales:

Organigrama de las participaciones:

Miembro de asociación profesional:

Las cuentas disponibles están en el anexo (dirección del Registro Mercantil para depositar las cuentas):

Evolución de la CN:

Evolución del resultado:

Evolución del margen bruto de explotación (MBE):

Presencia en los diferentes segmentos de mercado:

Cuota de mercado por segmento:

Inversión publicitaria:

Circuito de distribución:

Organigrama jerárquico:

Fuerza de ventas: organización, número
de vendedores, reparto geográfico:
Una ficha por producto con las especificaciones técnicas, las comparaciones
con los productos de la competencia, las
tarifas de precios de venta, la participación de mercado según el panel Nielsen:
Anexos:
Cuentas de la empresa (los datos fiscales
solicitados al Registro Mercantil):
Documentación de la empresa:

La observación del entorno: la revista de prensa

El jefe de producto está atento a su entorno, y sus fuentes de información son múltiples: reuniones sindicales, entrevistas con los proveedores, la prensa u otras fuentes menos oficiales.

A fin de que los documentos circulen de una forma clara dentro de la
empresa, el jefe de producto organiza una revisión de prensa. La elección de los temas y de los artículos queda a juicio del jefe de producto.
Decide si los textos son interesantes según la relación que tienen con su
producto y sus proyectos.

La frecuencia depende de la masa de artículos que haya que citar, lo
ideal sería un período máximo de tres meses (después de un trimestre la
información deja de ser fresca). La revista de la prensa debe ser amplia
(un mínimo de veinte páginas). Es importante que este documento esté
bien presentado, que las fotocopias sean de buena calidad y que la cubierta sea en color, si es posible. Si se desea visualizar bien las revistas, se
puede incluir la fotocopia de su cubierta, como un extra.

Esta revista de prensa no excluye la circulación individual de artículos
de actualidad, en caso de urgencia. Hay que indicar claramente si el artículo en cuestión será reproducido o no en la próxima revista de prensa. Algunas revistas exigirán el pago de derechos de autor a cambio de la
reproducción de los artículos. Si su revista de prensa es periódica, se
pondrá a cubierto de cualquier problema solicitando una autorización a
las publicaciones.

También se puede acudir a empresas especializadas que, por un abono anual realizarán una revista de prensa completa, siguiendo una palabras clave de su elección.

Título: **Revista de prensa sobre consulting**
Período: del 1 de enero al 27 de febrero de 1994

Todos los artículos citados pueden obtenerse bajo pedido. Los artículos importantes (por su tema o por el soporte) se reproducen *in extenso*, se citan las fuentes de los demás artículos por si se desea consultarlos.
Esta revista de prensa está destinada al conjunto del personal, de los clientes y de los contactos de la empresa.

ÍNDICE

Un índice bien detallado permitirá que el lector acceda, inmediatamente, a sus centros de interés.

El producto y sus precios

Revisión de la marca

La revisión de la marca es un balance de la marca, de su mercado y de sus competidores. Comprende una síntesis de los hechos relevantes de la vida de la marca, su evolución a medio y largo plazo, los resultados de las acciones realizadas y un resumen presupuestario.

La revisión de la marca es la oportunidad del jefe de producto para:

1. analizar la evolución de la marca en el mercado;
2. elegir, junto con su jefe de grupo, los ejes de trabajo para cada marca;
3. evaluar las acciones realizadas y las de la competencia;
4. prever un arbitraje eventual de la utilización de los recursos de la empresa;
5. permitir una rápida puesta al corriente, cuando una marca pasa de un jefe de producto a otro;
6. permitir la armonización entre las diferentes marcas de una empresa;
7. permitir la evaluación continua del trabajo del jefe de producto.

Este trabajo no hace falta realizarlo de forma periódica; es la evolución de la marca, de una revisión a la otra, lo que permite saber si está bien gestionada.

Es un trabajo laborioso que no se puede realizar, en su totalidad, de una sola vez. La puesta al día debe hacerse cada vez que haya un acontecimiento digno de ser consignado (nuevas cifras Nielsen, una nueva previsión de ventas que modifique las cantidades anuales).

La periodicidad de la revisión de la marca depende, en gran manera, del producto o del servicio que se toma en consideración. Es útil hacer, por lo menos, una al año y puede que una al trimestre, en el caso de los mercados más dinámicos. Si no se hace más que una al año, se tendrá previsto realizarla seis meses después de la puesta en marcha del plan de marketing anual.

El examen de marca

A - Mercado global

1 Volumen (en miles de unidades)

Segmentos-Familias	1990	%	1991	%	Estimación 1992	%

fuente:

2 Valor (en miles de pesetas)

Segmentos-Familias	1990	%	1991	%	Estimación 1992	%

fuente:

3 Circuitos (valor: en miles de pesetas)

Circuitos de distribución	1990	%	1991	%	Estimación 1992	%

fuente:

4 Estimación de segmentos de mercado (valor en miles de pesetas)

Segmentos	1990	%	1991	%	Estimación 1992	%

fuente:

B - Las marcas

1 Volumen (en miles de unidades)

Marcas	1990	%	1991	%	Estimación 1992	%

fuente:

2 Valor (en miles de pesetas)

Marcas	1990	%	1991	%	Estimación 1992	%

fuente:

C - Acontecimientos en el mercado

1 Nuevos productos

Fecha	Empresa	Descripción

2 Precio del mercado

Precio	1990	1991	1992
Primer precio			
Primera calidad			
Marca de la casa			
Media del mercado			

3 Estudio de las promociones

4 Presión comercial

5 Evolución de la distribución

6 Otros acontecimientos

D - Inversiones promocionales y publicitarias

1 Presupuestos de la competencia

Marca	Estimación	Efectos

2 Distribución por medios

Nombre de las marcas	TV	Prensa cotidiana regional	Prensa cotidiana nacional	Cine	Carteles	Radio

3 Recordatorio de las inversiones en nuestras marcas

	1991	1992	1993
Total del mercado (estimado)			
Marca			
Share of voice			

E - Política de marca
1 Productos
2 Precio
3 Distribución
4 Estudios
5 Desarrollos
6 Promociones
7 Publicidad

F - Presupuesto de la marca

G - Plan de acción comercial

Los cambios de embalaje o de composición del producto

En el ciclo de vida de los productos, son corrientes las modificaciones de composición o de embalaje. Se trata de hacer «vivir» la marca a los ojos del consumidor, al mismo tiempo que evitar las discusiones con un distribuidor que necesita novedades. Estos cambios, que se realizan de forma periódica, aseguran que el producto siga estando de acuerdo con el gusto del momento. Se trata de un asunto de sutilezas: seducir nuevos consumidores (en la confianza de que seguirán siéndonos fieles), atraídos por la novedad, y al mismo tiempo conservando a los compradores habituales.

Una vez más, el papel de coordinador del jefe de producto sigue siendo importante. Y los departamentos siguientes le reclamarán una información precisa.

- *Ventas*: los vendedores deben ser informados préviamente de los cambios de embalaje o de composición del producto. Deben disponer de suficientes muestras para poder enseñar la novedad a sus clientes y, si fuera necesario, dejárselas.
- *Administración de ventas*: si los cambios sólo afectan a un circuito de distribución, la administración de ventas se cuida de que se respeten las reglas. Los pedidos, en general, son recogidos o comprobados por la administración de ventas y, por lo tanto, deben serles comunicadas las nuevas referencias.
- *Producción*: ¿a partir de qué fecha se producirá la nueva composición? ¿Cuáles son los cambios en los pedidos de materias primas?
- *Informática:* ¿cuáles son las nuevas claves de reparto de costes?

Hay que solucionar varios detalles: el procedimiento de cambio de los antiguos acondicionamientos o de los antiguos productos, para aquellos clientes que así lo deseen, la preparación del análisis de las ventas que sigue a los cambios, la comunicación sobre ese cambio.

El lanzamiento del producto

El lanzamiento del producto es el ejercicio de marketing más complejo. Exige capacidad de síntesis y un sentido del detalle, ser competente en la explotación de los estudios y en las técnicas de producción... Alrededor de la operación de lanzamiento de un producto, se utiliza y aplica todo el arsenal de herramientas de marketing.

Un lanzamiento de producto se divide en varias fases.

- La explotación: investigación de todas las posibilidades de los nuevos productos, teniendo siempre en cuenta las limitaciones o exigencias de la empresa (mercado, territorio de las marcas, finanzas).
- El filtrado (*screening*): método de evaluación de los diferentes conceptos de nuevos productos, y que tiene por finalidad la elimina-

ción de aquellos que tienen pocas posibilidades de llegar al final
del proceso (por ejemplo: el nuevo producto necesitaría la compra
de una patente demasiado cara).

- El análisis económico: es el cálculo de la cuenta previsional de explotación del producto.
- El desarrollo técnico: la adaptación final del producto, fabricación de maquinaria especial, puesta a punto con el departamento de investigación y desarrollo.
- Las pruebas de concepto y los ensayos: la confirmación de que el cliente siente interés hacia el producto, en su descripción actual.
- La pre-comercialización: el referenciado del producto en las centrales de compra, la constitución de stocks de los intermediarios.
- La información general: la preparación de los materiales de comunicación (dossier de prensa, la argumentación de venta del producto), el plan de comunicación.
- El lanzamiento de la producción.
- La comercialización, propiamente dicha.
- El control de las ventas y el reajuste del marketing-mix.

Para que un lanzamiento tenga éxito, es preciso disponer, al inicio,
de por lo menos un centenar de ideas. La dirección de marketing establece unos criterios de cribado de ideas idénticos para todos los lanzamientos de productos: *score* del nuevo producto, volumen, competencia
–si es importante o no–, necesidad de patente...

Los fracasos de los nuevos productos son, estadísticamente, debidos a
una debilidad en el marketing-mix: inexistencia de un objetivo definido, una imagen que no es clara, fallos en la distribución, deficiente comunicación de sus ventajas en comparación con la competencia.

Los precios

El precio de venta condiciona el resultado financiero de la empresa y,
por lo tanto, merecería que se le consagrara todo un libro. En principio,
los precios se incluyen en una lista de precios que la empresa envía a sus
nuevos clientes, junto con las condiciones generales de venta y el escalado de descuentos. No se admite ninguna discriminación en cuanto a los
precios, todos los clientes deben estar informados de los descuentos máximos y de las condiciones para conseguirlos.

La empresa no tiene derecho a proponer, y aún menos a imponer, un
precio de reventa al distribuidor (salvo en el caso de los libros y medicamentos). La existencia de una tarifa de venta al público, de precios

aconsejados o incluso de precios, generalmente, constatados, es reemplazada por una sola y única tarifa.

Fijar el precio neto (el precio que, realmente, recibe la empresa) es un elemento de la estrategia de la empresa y de la marca. La determinación de los precios brutos (o precios de tarifa) se realiza teniendo en cuenta, por adelantado, los diferentes descuentos, deducciones, gastos de transporte, etc.

Antes de modificar un precio, hay un cierto número de departamentos de la empresa que deben ser informados.

- *Administración de ventas:* está encargada de imprimir la tarifa, de enviarla a los clientes en activo y de hacer respetar la aplicación de las nuevas condiciones. Si los cambios sólo conciernen a un circuito de distribución, la administración de ventas se cuida de que se respeten las reglas. Los pedidos, en general, son recogidos o comprobados por la administración de ventas, y los nuevos precios se inscriben, automáticamente, en la pantalla de recepción de pedidos.
- *Ventas*: los vendedores deben ser informados, por adelantado, de los cambios de precios a fin de que puedan informar a todos sus clientes.
- *Informática*: es el departamento que programa los cambios de precios. El conjunto de documentos (facturas, estadísticas...) debe reflejar los nuevos precios.
- *Producción*: si el precio está indicado en el mismo producto (por impresión o con una etiqueta separada), la producción debe vigilar las fechas. La producción también puede estar interesada en el nuevo precio, si éste interviene en un cálculo de margen/fábrica.

El jefe de producto puede ser encargado de la impresión de las tarifas pero, en general, este papel lo realiza, casi siempre, la administración de ventas.

Uno se encuentra con tantos problemas en caso de una subida de precios como en caso de una reducción de los mismos.

En caso de una bajada de precios: los clientes quieren beneficiarse inmediatamente de ello y, a veces, incluso, de forma retroactiva. Los clientes que tienen productos en existencia quieren que la valoración de estos stocks se rebaje en la misma proporción.

En caso de alza: los clientes retrasan, lo máximo posible, la aplicación del alza. En caso de que el producto en alza sea un componente de un producto acabado, que no se puede aumentar inmediatamente, los clientes piden una compensación por la disminución de su margen.

Las rupturas de stock

Las rupturas en los stocks de productos deben serle notificadas al jefe de producto. El responsable de la producción informa de la fecha de inicio de la ruptura y el plazo de aprovisionamiento previsto. Esta información tiene una doble finalidad:

- participar en el análisis de ventas y en las previsiones de ventas del mes siguiente;
- informar, si es necesario, a la fuerza de ventas.

Corresponde al jefe de producto evaluar la amplitud de la ruptura y juzgar qué medidas correctoras hay que tomar.

Una simple ruptura de pocos días, en un producto de poca rotación, no debe comunicarse a los comerciales so pena de reducir, aún más, los pedidos de un producto ya débil. Las entregas a los clientes se retrasarán unos días a fin de esperar a que el producto esté disponible. No es preciso que una pequeña ruptura desorganice las ventas de productos que tienen una rotación importante.

Por el contrario, el conjunto de la empresa debe ser informado de una ruptura más importante. Esta información debe contener los datos siguientes:

- las referencias de los productos que se encuentran en ruptura,
- la fecha prevista de producción,
- la fecha de entrega a los clientes que están en espera,
- la causa de la ruptura.

Una vez que el producto vuelva a estar disponible, debe realizarse una nueva nota informativa.

▶ *La ruptura especial de los productos de fabricación temporal*

Hay algunos productos que sólo están disponibles durante un período concreto. Este es el caso de los productos destinados a la promoción, los lotes de productos, las presentaciones especiales... Esta clase de producto estacional o de temporada debe ser controlado continuamente a lo largo del período, indicando las existencias que quedan cada semana. Si se han adjudicado unas cuotas por región, debe proporcionarse un desglose que indique el estado de las existencias.

▶ *La ruptura del material publicitario*

El jefe de producto es responsable de proporcionar los diferentes materiales publicitarios, los de la promoción en el punto de venta, el opúsculo de presentación del producto, las herramientas de venta... Estas existencias deben ser gestionadas como si se tratara de productos, y la fuerza de ventas ha de ser informada de cualquier posible ruptura. El jefe de producto decide, junto con los responsables comerciales la nueva fabricación de materiales, si se piensa que es necesario.

Con el número de pedido, los jefes de sector saben con exactitud qué clientes están pendientes de ser atendidos o servidos.

Ficha de ruptura de existencias

Fabricantes de aparatos informáticos				
Referencia	**Descripción**	**Para los pedidos registrados el 25/08/95**	**Plazo medio previsto**	**Pedidos en espera**
M4537	Pantalla de color 14"	Disponible	Disponible	Ninguno
M39701	Pantalla de color de 17"	1 semana	1/2 semana	Ninguno
MSC078	Escáner en blanco y negro	Septiembre	Octubre	01254,01257 y 01265

La comunicación externa

La planificación de los medios

La planificación de los medios es la organización en el tiempo de la utilización de los medios. El plan de medios responde a exigencias científicas e intuitivas. ¿Cuál es la mejor estrategia para conseguir un objetivo con el menor coste?

El planificador de medios elige ante todo uno o varios medios (revistas, la prensa cotidiana regional, la prensa cotidiana nacional, la radio, el cine, los carteles, la televisión), y luego dentro de cada medio, los soportes utilizados (por ejemplo, en el caso de los diarios: *La Vanguardia* y *El País*). Luego en cada soporte, el formato y la frecuencia (por ejemplo, una página completa en *La Vanguardia* durante siete días, y media página a la semana en *El País*).

El plan de medios toma estos cuatro elementos y los organiza en el tiempo.

▶ *Elección de los medios*

Existe una estrategia real de los medios que tiene en cuenta los objetivos de la comunicación, las acciones de la competencia, los presupuestos adjudicados y, ante todo y en primer lugar, la meta u objetivo.

▶ *Elección de los soportes*

Esta elección tiene en cuenta las afinidades del público objetivo y sus hábitos de lectura. Es fácil calcular (por medio de la informática) los costes por cada mil lectores útiles y comparar los diferentes soportes en términos, únicamente, económicos. Si se eligen varios soportes, conviene calcular la duplicación (lectores comunes a los dos soportes).

▶ *Elección del formato y la frecuencia*

En el caso de un presupuesto fijo, el formato y la frecuencia están relacionados de forma proporcional e inversa. Es posible aparecer diez veces en doble página o cuarenta veces en cuarto de página. En el primer caso, el formato ha sido aumentado, en el segundo lo que aumenta es la frecuencia.

▶ *El calendario*

El plan de medios indica las fechas (y horas o número de pases y/o inserciones).

La promoción de ventas

La promoción de ventas recoge todas las técnicas destinadas a aumentar las ventas durante un período dado. Las ventas suplementarias se suman a las ventas habituales o bien sólo representan un simple adelanto en el tiempo.

Plan de medios

Síntesis del plan de medios para lápiz de labios						
	Distribución prevista		Distribución real		Desvia-ción	Coste de GRP (Gross Rating Point)
Total y promedio	14.800	100,00%	14.748	100,00%	52	20.300
Cadena 1	5.400	36,49%	5.187	35,17%	213	21.658
Cadena 2	6.900	46,62%	6.927	46,97%	–27	19.875
Cadena 3	2.500	16,89%	2.634	17,86%	–134	18.657
Total diario	5.900	39,86%	6.149	41,69%	–249	17.658
Total «prime time»	6.800	45,95%	6.992	47,41%	–192	23.168
Total nocturno	2.100	141,19%	1.607	10,90%	493	27.558

Detalle del plan de medios para lápiz de labios							
Fecha	Hora	Cadena	Formato	Tarifa bruta	Coste GRP base 30"	Emisión antes de	Emisión después de
Jueves	12:05 h	Cadena 1	30"	72.400	18.700	concurso	concurso
12 mayo	12:30 h	Cadena 2	30"	77.300	17.100	concurso	avance informativo
	13:30 h	Cadena 1	30"	95.000	20.150	informativo	el tiempo
	14:55 h	Cadena 1	30"	65.000	22.870	serie	serie
	17:55 h	Cadena 3	45"	45.000	16.000	variedades	concurso
	17:55 h	Cadena 1	30"	110.000	25.980	concurso	concurso
	18:20 h	Cadena 2	30"	95.000	21.570	concurso	avance informativo
Viernes	13:30 h	Cadena 1	30"	95.000	20.150	informativo	el tiempo
13 mayo	13:30 h	Cadena 3	45"	45.000	18.650	documen-tal	«talk-show»
	14:15 h	Cadena 2	30"	70.500	18.980	serie	serie
	14:30 h	Cadena 1	30"	52.000	21.370	serie	variedades
	15:55 h	Cadena 3	45"	42.000	16.000	serie	serie

Es una herramienta táctica que actúa, a corto plazo, sobre la marca. Hoy en día, se utiliza cada vez más y ciertas empresas la transforman en una herramienta estratégica. Organizan una pugna de promociones con lotes cada vez más importantes, seguramente esperando provocar una preferencia temporal hacia su producto. Esta pugna, este exceso, es tan perniciosa como una bajada de precios ya que acostumbra a los consumidores y distribuidores a esperar, siempre, un regalito promocional junto al producto principal. Por ejemplo, ciertos desodorantes sólo se venden con un 20% del producto gratis, o incluso es impensable suscribirse a una revista sin que a uno le regalen una calculadora.

Las estrategias de promoción tienen varios objetivos, por ejemplo: pruebas, perennidad, generación de tráfico o imagen, aumento de la visibilidad, incitación a la compra, aumento de los volúmenes, justificación de la política de *trade-marketing*.

Las técnicas de promoción utilizadas con frecuencia son:

1. Prima directa.
2. Prima indirecta.
3. Juegos, **concursos**.
4. Oferta de reembolso directo o diferido.
5. Muestras.

1. Prima directa

El regalo (la prima) se ofrece en el mismo momento de la compra. Puede tratarse de una muestra de otro producto de la gama, del mismo embalaje o de otro producto extra.

2. Primas diferidas

El regalo (la prima) se ofrece después de la compra (en general, el consumidor envía una solicitud que no puede rechazarse o que está sometida a sorteo). La compra puede ser única o múltiple. También se puede solicitar una participación económica al consumidor (primas auto-remuneradas).

3. Juegos y concursos

El producto lleva una oferta de un juego o de un concurso. El juego: al azar, sin obligación de compra, lotería, *sweepstake, winner per store*. El concurso: sin azar, posibilidad de obligación de compra.

4. Ofertas de reembolso

Por ejemplo: oferta de reembolso diferido (ORD), vales de descuento, cupones, tres por dos, lote de productos diferentes, recuperación de un producto antiguo, *buy back* (reembolso en diez años).

5. Muestras

Por ejemplo: distribución en los buzones de las casas, operación «satisfacción garantizada o le devolvemos su dinero», oferta de degustación o de prueba en la tienda, poner el producto a disposición del cliente durante un cierto tiempo.

6. Otros

La imaginación de los creativos no tiene límites, ¡pero, cuidado!, las restricciones jurídicas y legales son importantes y deben ser verificadas por un especialista independiente.

Ejemplos de promociones creativas: *hot potato* (un lote muy grande), club de **consumidores**, padrinazgo, promoción cruzada (con o sin asociado), tarjeta multipuntos.

Sea cual sea el estilo de la promoción, una parte importante de la operación consiste en comunicar y dar valor a esta oferta. El producto es el soporte privilegiado de la promoción. Un buen paquete promocional debe conservar los códigos de comunicación habituales, a la vez que dedica un buen lugar al visual de la promoción.

Es frecuente que existan unos elementos de PPV (publicidad en el punto de venta) que, por distintos motivos, se asocian a una promoción.

– Falta de lugar en el departamento, para soportar el aumento de ventas debido a la promoción,
– incremento temporal de la visibilidad,
– soporte de comunicación para la promoción.

La promoción puede anunciarse por medio de una campaña de comunicación directa (videotexto, medios interactivos, teléfono y correo son los nuevos medios utilizados para comunicar sobre una acción promocional). Dentro de estos nuevos avances, la promoción utiliza además los medios tradicionales (prensa profesional, los carteles publicitarios, radio, la prensa diaria regional e incluso la televisión en «*prime time*»).

El marketing directo

El marketing directo consiste en crear y conservar una relación directa con una audiencia de individuos con la finalidad de proponer una oferta adaptada a cada individuo. El marketing directo supone un buen conocimiento de la audiencia, de los medios de personalización de las ofertas, la voluntad de mantener una relación duradera. El marketing directo no es más que una faceta del marketing, un método de comunicación directa, que en ciertos aspectos se opone al marketing de masas (y más exactamente a la comunicación de masas).

El marketing directo es conocido, especialmente, por sus *mailings* (envíos por correo), pero cubre un campo más vasto de medios de actuación: telemarketing o venta por teléfono, videotexto, cupones, *«bus-mailing»*... La VPC (venta por correspondencia), y más generalmente la venta a distancia, es el usuario privilegiado del marketing directo, pero no el único. Todas las empresas pueden utilizar los métodos del marketing directo para desarrollar sus negocios.

Las ventajas del marketing directo son:

- una medición precisa de la rentabilidad de las acciones,
- una sinergia evidente con las estrategias de marketing ya instauradas (el marketing directo se adapta a todas las situaciones),
- la reducción de los costes de comercialización,
- el conocimiento y luego la posesión de su propia clientela (lo que, con la presión creciente de la distribución, no es la menor de las ventajas).

Frente a estas ventajas, los inconvenientes del marketing directo son importantes.

- *El coste*: si bien es posible hacer un mailing con pocos gastos, las verdaderas campañas de marketing directo son caras. Sobre todo si uno relaciona el coste por contacto. Por ejemplo, un anuncio en el semanario *Lecturas* llegará a 2,3 millones de amas de casa por 750.000 ptas., o sea, un coste por 1.000 de 320 ptas. A través de *mailing*, esta misma operación cuesta un mínimo de 75 millones de ptas. (¡100 veces más!). Pero el *mailing* permite la personalización del mensaje y la calidad del contacto es, claramente, superior. La gran pregunta del marketing directo es: ¿es mejor comunicar personalmente con 25.000 personas, o de manera estándar con 2,3 millones?
- *El tiempo*: las campañas de marketing directo necesitan que el jefe de producto invierta mucho más tiempo. La adaptación de los mensajes, el trabajo previo de segmentación, la gestión de las devoluciones y los aspectos promocionales son acciones que hay que llevar a cabo antes del lanzamiento de una operación. La más significativa es el trabajo con el fichero.
- *El fichero*: es la piedra angular de una operación de marketing directo. Sin la formación de un fichero no existe el marketing directo.

Algunas operaciones tienen por finalidad la constitución de un fichero que no existe, pero la base de datos es la base de una relación duradera. La base de datos de marketing (o relacional) registra los comportamientos de la audiencia a fin de adaptar los mensajes en función de sus reacciones. En la mayoría de casos, el jefe de producto no puede gestionar, por sí solo, la base de datos. Puede ser su guardián, pero las restricciones informáticas no le permiten intervenir personalmente. Lo más sencillo sigue siendo sub-contratarlo con proveedores de servicios especializados.

El marketing directo ha de inscribirse en la estrategia general de la marca, y deben serle asignados los presupuestos consecuentes, so pena de que se convierta en un simple envío de mensajes publicitarios.

La edición, la impresión[1]

Casi todas las facetas del trabajo del jefe de producto pasan por la edición y la impresión. Al jefe de producto le es imprescindible poseer un buen conocimiento de la **cadena gráfica.** Sea cual sea la calidad de los intermediarios, del estudio de creación, de los impresores y de la agencia de publicidad, el jefe de producto ha de dominar la globalidad del trabajo de impresión.

En el campo de la preimpresión (etapas previas a la impresión) las técnicas han evolucionado, los ordenadores están siempre presentes, y sus funciones revisten cada día una mayor importancia.

Por lo que concierne a la impresión propiamente dicha (la reproducción clásica por medio de un molde, o conectada a un ordenador), las técnicas evolucionan más lentamente. El *offset* y el láser siguen siendo las técnicas más utilizadas.

Los salones, ferias y exposiciones

El jefe de producto es responsable de la organización y buena marcha de la exposición. Desde la reserva de espacio (en un buen emplazamiento) hasta el desmontaje del stand, el jefe de producto supervisa la globalidad del salón, sobre todo de lo que pasa fuera, la invitación, promoción, edición, alojamiento. Antes de ello es, también, responsable de la selección de los salones en los que desea participar.

---

1. Las técnicas de impresión se encuentran en la página 131.

Este trabajo exige mucho rigor en la gestión de los plazos, el encadenamiento de las tareas y la elección de los proveedores. Es una actividad completa y hay que asegurarse de que se reserva el tiempo suficiente para gestionarla bien.

Un salón puede organizarse sobre la base de los siguientes aspectos:

- La elección del salón comprende la reserva de espacio, la elección del emplazamiento, la verificación de la concordancia de fechas con otros acontecimientos de la empresa.
- La construcción del stand comprende la realización de varias maquetas en el momento de la **licitación o concurso,** la elección de un proveedor (existen multitud de fabricantes de stands pero hay que poner mucha atención en elegir una empresa seria: lo ideal es tomar nota de los datos de una empresa que haya realizado unos buenos stands en otros salones), la decoración del stand, destacar la presencia de los productos para sacarles el mayor partido.
- La comunicación externa comprende las invitaciones, los anuncios de la participación en el salón, la información a la prensa (con frecuencia se organiza una oficina de prensa en el mismo lugar), la preparación de las carpetas de prensa, la impresión de toda la documentación necesaria para todo el salón, las modalidades de recepción de personalidades y periodistas, la comunicación después del salón pasando balance de la actividad (número de visitantes, participación ulterior).
- La información interna comprende el anuncio de la participación en el salón, la lista de personas presentes (con una agenda precisa), las modalidades de invitación a los clientes y a los clientes potenciales, la recogida de documentación de la competencia, la explotación posterior al salón.

Está claro que más allá de los aspectos organizativos, la participación en un salón se justifica dentro del marco de un plan de marketing. Se presentarán los productos nuevos, así como los demás cambios en la empresa.

Las relaciones con la prensa y las relaciones públicas

▶ *Las relaciones con la prensa*

El jefe de producto puede elegir gestionarlas en persona o acudir a un **gabinete de prensa.** En general, las grandes empresas tienen un contrato con un gabinete de prensa para todas las marcas y para las relaciones públicas. Lo único que ha de hacer el jefe de producto es informar al gabinete de prensa de las novedades, las acciones puntuales o cualquier otro acontecimiento relevante (el aniversario de la marca, cuota de mercado récord...). El gabinete de prensa solicitará al jefe de producto participar en dichas presentaciones, entrevistas, cócteles o desayunos de prensa. El gabinete de prensa realizará los dossiers de prensa y se encargará de los envíos basándose en su propio fichero.

Si el jefe de producto gestiona, en persona, las relaciones con la prensa y los periodistas, representa una carga de trabajo suplementario para la que conviene organizarse. Ante todo, el fichero de medios se pasará a la base de datos a fin de poder personalizar las cartas y hacer el seguimiento de las acciones. Luego se constituirá un dossier de prensa de información general, que será actualizado regularmente a fin de poder atender, en cualquier momento, las solicitudes de los periodistas. Por último y más difícil, se realizarán contactos regulares y cordiales con los periodistas, redactores y los encargados de las secciones relativas al producto que hay que promocionar.

El dossier de prensa

Contenido

- Fotos diferentes: en blanco y negro sobre papel, a todo color sobre papel, ektas (es decir, diapositivas 24x36, montadas en marcos o en tira). Al dorso de las fotos en papel, o al lado de las diapositivas, debe figurar toda la información importante (nombre del producto, de la empresa, precio de venta, disponibilidad...). Los pies de fotos pueden anotarse en una hoja aparte (acuérdese de numerar las fotos).
- Un **comunicado de prensa** muy breve, de unas diez líneas como máximo. Es la base obligada del dossier: proporcionar una información clara y precisa. El periodista comprende inmediatamente el tema y el posible interés en realizar un artículo. Esta versión sintética del texto debe representar un ahorro de tiempo para el periodista, a la hora de preparar su artículo.
- Un comunicado de prensa estándar de una página. Se trata de desarrollar las ventajas del producto de cara a los usuarios futuros.
- Un dossier sobre el producto, de varias páginas, donde se precisan las especificaciones técnicas, así como una historia de la marca. También es deseable que aparezca un estudio breve sobre el mercado y los resultados de posibles encuestas.
- Una muestra, siempre que sea posible, o las indicaciones suficientes para probar el producto, comprobar el servicio... («Vengan a probar la nueva máquina de coser, en el stand X de la Feria de Muestras de Barcelona», adjuntando una invitación).
- Un regalo para el periodista, relacionado con la marca y el mercado; siempre que el producto facilitado como muestra no sirva ya de regalo.

- Un contacto. Es imprescindible facilitar los datos (directos) de una persona con la que el periodista interesado se pueda poner en contacto para obtener un complemento de información o una entrevista. Esta misma persona estará disponible a lo largo de todo el año para facilitar información general sobre la empresa. Por lo tanto, tengan cuidado de no dar el nombre de una persona que esté haciendo prácticas y que, únicamente, estará presente el tiempo que dura la acción de prensa.
- El propio dossier. No es suficiente con una sencilla bolsa o sobre. Es preciso reunir todos los documentos en un dossier (una carpeta de gran capacidad) con el nombre de la empresa y el producto. Los impresores disponen de numerosos modelos estándar y sólo con inspirarse en ellos se puede obtener un dossier personalizado de gran calidad.

Consejo de organización y puesta en marcha

El fichero es un elemento primordial. ¿Con qué medios hay que ponerse en contacto? ¿Con qué personas? ¿Con qué periodistas independientes?
Su base de datos sólo mejorará gracias a la experiencia y a la adquisición de anuarios de periodistas. Una vez constituida, esta base debe vivir y evolucionar con los contactos.
No duden en dividir su base de datos en tantos segmentos como centros de interés de periodistas (informaciones económicas, prácticas, sobre las novedades, sobre el uso que ciertos públicos hacen de los productos...).
No muestre rechazo nunca a un periodista, aunque el artículo previsto no haya aparecido o a causa de cualquier problema (a excepción de errores importantes).
No hay que mencionar las observaciones eventuales, salvo en el marco de las relaciones más personales, y seguir enviando, de forma regular, la información provechosa a todos los periodistas de su base de datos.

Tanto si las relaciones con la prensa son gestionadas de forma interna como a través de un gabinete de prensa, (pueden cohabitar los dos sistemas de una manera armoniosa), es preciso tomar conciencia de la importancia de los artículos informativos que se publiquen. Son de valor estratégico para la empresa. El consejo de un periodista (independiente) sobre el producto y la marca tiene un efecto considerable sobre el lector. Se puede considerar que un artículo de unas cuantas líneas vale por varios pases publicitarios, si el artículo es positivo.

La información que se envíe a los periodistas tendrá en cuenta las frecuencias de aparición y las fechas de cierre de cada publicación. Las mensuales trabajan con tres o cuatro números de adelanto; ¡si su producto es estacional, tengan cuidado de no sobrepasar la fecha límite!

La información de prensa es una herramienta real de comunicación, es preciso tener cuidado de utilizarla con fundamento, explotando únicamente los acontecimientos de envergadura. También es una acción a largo plazo, ya que la relación con los periodistas no se construye con una sola operación. Esta relación entre la marca y los periodistas debe ser duradera y dará sus frutos (es decir, los artículos escritos por los periodistas) al cabo de cierto tiempo. Por lo tanto, tengan cuidado de no forzar los acontecimientos, ni acudir a los periodistas a cada paso. Sigan estando presentes, sin ser pesados.

Atención: es preciso no confundir los artículos de información (es decir, escritos por un periodista imparcial) con los publireportajes (o publiinformaciones), que no son más que una publicidad normal disfrazada de artículo (y, por lo tanto, sin ningún valor de imparcialidad para el lector, salvo la de aumentar la confusión con un artículo real que se coloca en una página idéntica del soporte).

▶ *Las relaciones públicas*

Al nivel de jefe de producto, las relaciones públicas son limitadas. Las verdaderas relaciones públicas se mantienen, especialmente, al nivel de toda la empresa bajo forma de reuniones, viajes u otros acontecimientos.

No obstante, el jefe de producto tiene un cierto número de relaciones privilegiadas con los prescriptores, líderes de opinión, organizaciones y asociaciones de empresas... A estos públicos les gusta recibir información de primera mano, emitida directamente por la empresa, a través de su jefe de producto. El buen estado de estas relaciones a lo largo del tiempo permite organizar rápidamente una «comunicación de crisis» para responder a una actualidad candente, desmentir rápidamente informaciones infundadas o explicar serenamente, en un clima de confianza, la crisis que afecta a la empresa.

El informe a enviar a la agencia de publicidad

A continuación les proponemos un informe que consta de 10 partes.

▶ *La utilidad de un informe*

El informe permite formalizar una solicitud por escrito. Es un ejercicio indispensable y muy útil (incluso en el caso de un informe para un servicio interno de la empresa). Esto proporciona a los creativos la seguridad de que las ideas sobre las que trabajan son realmente importantes para su cliente y no son fruto, sencillamente, de sus últimas «ventoleras» o antojos.

El informe es, también, un instrumento de control en relación a la idea de partida. Es difícil, cuando a uno le presentan una campaña que responde a un objetivo de salida, resistir la tentación de unir otros objetivos. La nueva lectura de su informe le permitirá volver a situar la creación en su marco de partida. El informe oral no permite un control de esta clase, es la puerta abierta a todas las fantasías de la agencia, ya que usted no posee ninguna prueba de su discurso inicial.

Un informe permite organizar una competición entre varias agencias asegurándose de que cada una trabaje con los mismos datos. Pero, ¡cuidado!, cuando organice a un concurso entre agencias, éstas le propondrán, y es bien lógico, que participe usted en los gastos de dicho concurso. Aumente el número de agencias con las que contactar para una presentación gratuita y reduzca el número de agencias a las que tiene que pagar.

▶ *Definición de un buen informe*

Un buen informe proporciona la información suficiente para que la agencia de publicidad o el servicio interno de comunicación trabajen de forma eficaz. Sin caer en un exceso de información que haría que el informe no pudiera utilizarse, es suficiente exponer de forma estructurada los datos clave de la empresa.

Usted puede transmitir sus informaciones a su agencia de publicidad con toda confianza, ya que está sometida a la obligación de mantener la confidencialidad.

▶ *El informe: modo de empleo*

La forma en que las informaciones se facilitan a la agencia encargada de dar forma a sus mensajes determina una parte de la calidad del trabajo final.

Para estar seguro de que no olvida nada, puede usted utilizar el siguiente modelo de lista de comprobación (check-list) de un informe. Consta de cien preguntas en diez campos diferentes.

Según la complejidad del problema a solucionar y la importancia de cada elemento, sólo es posible contestar a una parte de estas preguntas.

Este informe de 100 preguntas puede ser utilizado por todas las empresas de ventas de servicios, de bienes de consumo, de venta por correspondencia. Su redacción exige un cierto tiempo, aunque sólo sea para reunir los documentos. Puede preparar este trabajo por adelantado (e incluso una persona en prácticas puede ayudarle de forma útil), y puede usted excluir ciertos párrafos o preguntas si le parece que no corresponden a su actividad.

El informe

1. La empresa Se trata de una presentación general de la empresa.		
1	Estructura jurídica	SA, SL, Cooperativa, Asociación, n.º NIF, cotización en bolsa, capital social, ...
2	Historia	Fecha de creación, evoluciones principales, crecimiento, adquisición de sociedad, grandes mercados, cambio de dirección, inicio de la exportación...
3	Vocación de la empresa	¿Cuál es la actividad base, en el aspecto tecnológico y en el aspecto de mercado? ¿Cuál es la filosofía de la empresa?, ¿su objetivo primario?, ¿su papel en la sociedad?
4	Campos de actividad	Se trata de definir los diferentes campos de la empresa, por segmentación de producto, mercado o tecnología. El servicio posventa, la venta directa y la venta por medio de revendedores son campos de actividades diferentes.
5	Cifra de negocios	Reparto de la CN por campo de actividad de la empresa.
6	Rentabilidad general y por campo de actividad	¿De dónde proceden los beneficios de la empresa? ¿Cuáles son los campos o sectores rentables? Usted puede expresar estas cifras en índices o en porcentajes, si desea una mayor confidencialidad.
7	Recursos humanos	Número y calificación de personas asalariadas de la empresa, separando bien las funcionales (sede social, servicios centrales...) de las operacionales (vendedores).
8	Organigrama	¿Quién dirige la empresa? ¿Cuál es la relación jerárquica? El historial de los dirigentes también proporciona una buena valoración de la cultura de la empresa. ¿Quiénes son los accionistas de la empresa?
9	Notoriedad, imagen	Se trata de evaluar el reconocimiento del nombre de la empresa (a través de sus productos). En ausencia de cifras concretas, es suficiente con una evaluación honesta; por tanto, una simple encuesta telefónica puede proporcionar esta información.
10	Otros datos de interés	

2. El mercado Se trata de una descripción precisa del sector y del mercado donde se halla el producto que hay que promocionar.	
1	Historia	El mercado antiguo o reciente de la empresa.
2	Definición del mercado	¿Cuál es la definición del mercado, en términos de satisfacción, del resultado esperado, de la utilidad..., para los consumidores?
3	Estadísticas del mercado	CN del mercado, cantidad vendida, estacionalidad.
4	Número de clientes/ Cantidad adquirida por cliente	Número de clientes clasificados como activos, poco activos e inactivos en el sector. Cantidades adquiridas por cliente.
5	Cuota de mercado	¿Cuáles son las cuotas de mercado de la empresa? ¿En qué circuitos, en qué regiones, en qué segmentos y en qué períodos?
6	Gama de productos	¿Cuáles son los productos del mercado? ¿Cuál es la oferta global de todos los competidores directos e indirectos?
7	Distribución de ventas por producto	¿Cuáles son las soluciones elegidas? ¿Con qué cuota de mercado?
8	Tipo de cliente	¿Cuáles son los grandes segmentos de clientela?
9	Ventas anexas	¿Una primera venta induce un servicio posventa, un contrato de mantenimiento, la compra de suministros consumibles...?
10	Peso del sector en la empresa	¿Cuál es la parte de CN, de margen y de rentabilidad de este sector de actividad en la empresa? ¿Cuál es su posición estratégico?

3. Distribución del producto ¿De qué forma puede procurarse el producto al consumidor final?	
1	Canal de distribución	Descripción de los diferentes canales de distribución.
2	Longitud del circuito	¿Circuito largo a través de mayoristas, o corto a través de la venta por correspondencia? ¿Cuál es el número de intermediarios antes de que el producto llegue al consumidor final?
3	Política comercial	¿Cuál es la política tarifaria? ¿Cómo se estructura la fuerza de ventas? ¿Cuál es la política de promoción de ventas y de promociones conjuntas con la distribución?

4	DN/DV	Cuál es el estado de sus referencias en la distribución en número de puntos de venta (DN) y de calidad de puntos de venta (DV).
5	Margen del distribuidor	Tasa de marca de los distribuidores sobre las diferentes gamas de productos.
6	Relación con el distribuidor	Potencia de la distribución, fidelidad de los compradores.
7	¿Cuántos competidores por punto de venta?	¿Tasa de duplicación? Número de gamas de productos, número de proveedores, existencia de marcas de distribuidores.
8	Facilidades de importación	Posibilidad de encontrar productos equivalentes en otras partes.
9	Medios logísticos de la empresa	Posibilidades de almacenaje, de expedición, de tratamiento y de preparación de pedidos.
10	Otros datos de interés.	

4. Los productos (bienes o servicios) Se trata de un estudio crítico de los productos de la empresa, en relación con los productos de la competencia directa e indirecta.		
1	Lista de productos	Referencia y denominación de los productos.
2	Tipo de productos	Productos banales, de novedad, de nuevo mercado, especiales.
3	Descripción de productos	Desde un punto de vista de fabricación. Luego, la utilidad para el consumidor (incluir documentación).
4	Puntos fuertes de los productos	Argumentación de venta utilizada.
5	Precio del producto, precio del mercado	Precio de la empresa, política de descuentos, precios decrecientes por cantidad. Precio medio del mercado, desviación en relación con la competencia, evolución de los precios, sensibilidad a los precios.
6	Adaptación al transporte	Productos adaptados al envío por medio de transportistas o por los diferentes servicios de Correos. ¿La masa volumétrica es conveniente?
7	Cuota de mercado por producto	Cuota de mercado del producto en relación con productos similares.
8	Ciclo de vida de los productos	¿Con qué velocidad evoluciona el mercado? ¿La obsolescencia de los productos es rápida?

9	Nivel tecnológico del producto	Indicación de la dificultad de fabricar un producto de esta clase o similar.
10	Posibilidad de substitución del producto	¿Existen nuevas posibilidades de satisfacer la misma necesidad de los actuales?

5. Los consumidores y los prescriptores
El conocimiento de los clientes y de los prescriptores una base obligada del marketing.

1	¿Quién consume?	Descripción de los consumidores
2	¿Cómo?	Hábitos de consumo y comportamiento de los compradores.
3	¿A qué necesidad responden sus productos?	¿Qué necesidades satisface el uso de su producto?
4	Procesos de decisión	¿La cadena de responsables de las decisiones es larga? ¿Toda la empresa del cliente está implicada en el proceso de compra de sus productos?
5	Lista de prescriptores	¿Quién aconseja o podría aconsejar a los usuarios?
6	Número de consumidores del producto	Número de personas, empresas y familias que utilizan su producto.
7	Consumidores potenciales	Número de personas que utilizan un producto comparable de la competencia.
8	No-consumidor relativo y absoluto	Número de personas que podrían utilizar un producto de esta clase, y número de personas que jamás lo utilizarían.
9	Clase de aprovisionamiento	¿Los pedidos son recurrentes?
10	Otras informaciones sobre los hábitos de consumo	Compras emocionales, compras razonadas, compras por impulso. ¿Cuál es la actitud del consumidor?

6. La competencia
Estudio de la competencia de acuerdo con unos criterios lo más objetivos posibles.

1	Lista de competidores	Hacer la lista de la competencia y clasificarla según la proximidad con la oferta de su empresa.
2	Puntos fuertes/puntos débiles de cada uno de ellos	Estado de los competidores a los ojos de los consumidores, de los distribuidores, de los prescriptores.

3	Presencia en la distribución (DN/DV)	Conocimiento de la distribución y presencia de los competidores.
4	Reagrupamientos posibles	Fusiones entre competidores, posición dominante de grupos internacionales.
5	Otros campos de actividad de los competidores	El mercado de referencia, ¿representa todo o parte de la actividad de los competidores? ¿Están más o menos especializados que usted?
6	Cuota de investigación y desarrollo	Potencia de investigación de las empresas del mercado.
7	Posibilidad de aparición de nuevos competidores	¿Son numerosas las barreras que se oponen a la entrada en este mercado?
8	Estado de la competencia	Posibilidad de desarrollo de una competencia salvaje en cuanto a los precios, las promociones...
9	Su lugar	¿Qué lugar quiere usted ocupar entre esta competencia?
10	Otras informaciones sobre la competencia	Resultados de la observación de la competencia interna.

7. La comunicación Se trata de la descripción de las estrategias de comunicación de la empresa y de otros participantes en el mercado.		
1	Historial de la comunicación sobre el producto	Todas las comunicaciones de la empresa deben ser recogidas y archivadas. Ese dossier es la historia de la marca. Todas las acciones de marketing directo serán mencionadas y explicadas.
2	Histórico de los presupuestos	Importe consagrado a la publipromoción y sus efectos directos e inducidos.
3	Medios utilizados por la empresa	Carteles, cine, TV, revistas, prensa diaria, también la prensa gratuita, la comunicación directa, los clubs, PPV, comunicación por medio de actos y acontecimientos...
4	Cuota de audiencia	Es la relación de todas las inversiones de publipromoción del mercado con las de la empresa.
5	Últimas acciones	Porcentaje de incremento y transformación de sus últimos *mailings* publicitarios.
6	Públicos	Identificación de los distintos públicos, segmentación del público objetivo.

7	Medios	Medios de acción para llegar al público, entre otros, la existencia de ficheros cualificados.
8	Imagen que se percibe de la empresa, imagen deseada, imagen real	¿Existe una gran diferencia entre la realidad de la empresa y lo que piensan los clientes de ella?
9	Comunicación de los competidores	Sus competidores, ¿han utilizado métodos de comunicación que parecen dar sus frutos?
10	Otros datos de interés.	

8. Los objetivos de la acción
¿Qué resultados espera usted de su comunicación?

Lista[1] de objetivos		Importancia de 0 a 10
1	Obtener una notoriedad espontánea del 40%, dos meses después de la campaña.	
2	Aumentar la frecuencia de los pedidos de los clientes actuales.	
3	Aumentar las cantidades solicitadas en cada pedido.	
4	Aumentar el número de productos solicitados.	
5	Reforzar la imagen de seriedad de la empresa.	
6	Mejorar la información sobre un producto, ayudar al lanzamiento de un nuevo producto.	
7	Aumentar el número de distribuidores.	
8	Preparar la visita de un comercial, anunciar una promoción.	
9		
10		
Total [2] (inferior a 40)		

1. Esta lista se facilita como ejemplo; sus objetivos son los propios de su acción y de su política.
2. Si el total es superior a 40, es que sus objetivos son demasiado numerosos y que es preferible pensar en otra acción para alcanzar una parte de los objetivos.

9. Presupuestos y limitaciones ¿Cuál es el marco y cuáles son los límites de la recomendación de la agencia de comunicación?	
1	Método de cálculo de los presupuestos de comunicación	En porcentaje, en valor absoluto, en tasa de aumento de un año a otro, coste por mensaje, coste por devolución...
2	Reparto de las partidas presupuestarias	Gastos fijos, honorarios, impresión, expedición, franqueo, gestión de las devoluciones, coste de las respuestas, costes informáticos.
3	Límites de la publicidad comparativa	¿Debe pensarse en copiar las acciones de la competencia? ¿Dentro de qué límites?
4	Adecuación con las acciones de los comerciales	¿Puede modificarse el trabajo de los comerciales, durante el tiempo de la campaña, para gestionar los resultados positivos?
5	Logística	¿Dispone la empresa de un número de teléfono gratuito o similar? ¿Puede usted gestionar las devoluciones?
6	Recursos humanos	¿Qué tipo de personal es el que se encargará de gestionar todo o parte de una campaña de marketing directo (envío, expedición, registro informático...).
7	Verificación	La oficina de verificación de la publicidad, ¿debe verificar sus mensajes?
8	Restricciones estacionales	¿Puede ser que durante una parte del año, de la semana, o incluso de la jornada (en caso de prospección telefónica), las audiencias no estén disponibles?
9	Restricciones legales	Reglamentaciones específicas para esta clase de productos, en términos de medios, argumentos menciones obligatorias...
10	Otras restricciones	

10. Variable según la clase de informe de que se trate: «Las bases de datos» para el marketing directo; «Restricciones legales» para una promoción.	
1	Recursos informáticos	¿De qué recursos informáticos dispone su empresa? Material y clase de programa.
2	Fiabilidad	¿Las direcciones han sido utilizadas recientemente?
3	Datos	¿Cuáles son los posibles criterios de clasificación, número de asalariados...?

4	Tipo de base de datos	¿La base de datos es factual (un simple fichero), o relacional (base de datos de marketing) con datos sobre comportamientos?
5	Actualización	¿Se han incluido en la base de datos los últimos resultados de las campañas de marketing directo?
6	Identificación del origen de las direcciones	¿De dónde proceden las direcciones? ¿Han sido ya utilizadas para otras operaciones?
7	Deduplicaciones	¿Han sido eliminadas las repeticiones? ¿La estructura de base permite una deduplicación fácil con los posibles ficheros externos?
8	Propiedad	¿Quién es el propietario de la base de datos que usted utiliza?
9	Aspectos legales	¿Sus clientes, actuales potenciales, están de acuerdo en la utilización de sus datos?
10	Otros datos de interés.	

El plan de campaña

Es la organización de todas las acciones de comunicación en el tiempo, en forma de planificación (diagrama de Gantt, histograma o curva). Al contrario que el plan de medios, **el plan de campaña** reagrupa todas las acciones proyectadas: de medios (gran público y profesionales) y fuera de medios (promoción, relaciones públicas, marketing directo...). El plan de campaña se ocupa paralelamente de las acciones previstas y de los acontecimientos del entorno.

El plan de campaña permite tener una visión global de la estrategia general de la comunicación. Es la síntesis global de la comunicación de la empresa en forma de representación gráfica. El plan de campaña integra todos los elementos a fin de proporcionar información sobre la eficacia de las acciones de marketing-comunicación. Es un verdadero sistema de información en el que los índices se eligen en función del mercado y sus costumbres, y se establece en la fase final de la preparación del lanzamiento.

Plan de campaña

Acciones/Actos	mes 1				mes 2				mes 3				mes 4			
	1	2	3	4	5	6	7	8	9	10	11	12	13	14	15	16
Fin de los tests a los consumidores	▓															
Puesta a punto de la composición, y prueba		▓														
Puesta a punto del envase o embalaje		▓														
Reunión de la fuerza de ventas			▓	▓												
Presentación de las maquetas en la central de compras			▓													
Lanzamiento de la producción				▓												
Envío del dossier de prensa					▓											
Desayuno de prensa					▓											
Información de los prescriptores					▓											
Lanzamiento oficial en una cena de gala					▓											
Operación lanzamiento con fuerza de venta						▓	▓	▓	▓	▓	▓					
Actividades de animación en los 50 mayores hipers citados						▓										
Promociones de prueba, oferta de reembolso										▓						
Promoción al punto de venta para la adquisición de existencias: descuento por cantidad									▓	▓	▓					
Inicio de campaña 1: revistas de prensa											▓	▓				
Inicio de campaña 2: publicidad estática													▓	▓		
Creación del fichero de consumidores y lanzamiento del *mailing*																▓
Estudio de los resultados																▓

La distribución y el *trade-marketing*

Análisis de los distribuidores

Es un ejercicio realizado bajo la autoridad del responsable de las centrales (centrales de compra de las grandes superficies). En general, las reuniones de fin de año con los distribuidores, tienen lugar de octubre a enero. Es el momento de hacer un balance sobre el año pasado (volumen de ventas), la preparación del año siguiente (plan promocional) y sobre todo, la revisión de los acuerdos comerciales (referenciado, descuentos de fin de año, nivel de descuento...). Para la empresa, esta reunión es primordial, ya que condiciona en gran parte las previsiones de ventas y los márgenes.

El jefe de producto puede ayudar al responsable de la central a preparar la campaña, constituyendo un dossier para cada distribuidor, con los elementos siguientes:

- los artículos aparecidos en la prensa, sobre un distribuidor (nombre comercial),
- la estrategia del distribuidor,
- el plan promocional previsto por marca,
- los lanzamientos previstos de productos,
- un análisis del mercado de cada segmento, por marca,
- una síntesis de los resultados Nielsen (o Secodip) sobre el circuito de distribución de que se trate,
- una síntesis de los *store-checks* que conciernen al distribuidor.

El responsable(o responsables) de la central valorará este trabajo y estará dispuesto a defender, aún mejor, los intereses de las marcas gestionadas por ese jefe de producto cooperativo.

Los instrumentos de ayuda a la venta

Los comerciales (jefes de sector) necesitan instrumentos de venta para convencer a sus interlocutores de la calidad de la oferta. Le corresponde al jefe de producto pensar, fabricar y distribuir estos instrumentos de ayuda a la venta. En el caso de instrumentos que sean complejos, también le corresponde asegurarse de que los comerciales dispondrán de la formación necesaria para utilizarlos (por ejemplo, un programa de optimización del lineal).

Los instrumentos de ayuda a la venta que se utilizan más habitualmente son:

- las tarjetas de visita,
- el catálogo y la tarifa,
- las fichas del producto (en un clasificador que permita su actualización),
- las muestras de productos (en gran cantidad),

- los obsequios publicitarios (en estrecha relación con el producto),
- las argumentaciones impresas para las operaciones puntuales y que se dejan al comprador después de la entrevista,
- las cintas de video; en este caso hay que prever el alquiler de un televisor y un vídeo, para cada jefe de sector.

Los instrumentos de ayuda a la venta se conciben y preparan en colaboración con los futuros usuarios, y ésta puede ser la ocasión para reunirse con ciertos jefes de sector. Estos instrumentos deben ser, ante todo, prácticas para los comerciales, o de lo contrario se quedarán en el portaequipajes del coche.

La importancia creciente de la distribución para el éxito de una marca entraña un aumento de los presupuestos relacionados con la comercialización (herramientas, promoción). La tendencia actual es distinguir estas acciones por medio de la denominación *trade-marketing*.

El *trade-marketing*

Esta nueva disciplina apareció al inicio de los años 90 y es, de hecho, el resultado de dos fenómenos:

- el cambio de comportamiento del consumidor, frente a las marcas y los almacenes,
- el peso creciente de la gran distribución en las relaciones con los fabricantes.

El *trade-marketing* pretende poder optimizar la venta a los distribuidores, como el marketing «clásico» ha optimizado la venta a los consumidores. El *trade-marketing* es una mezcla que se articula alrededor de:

- la fuerza de ventas,
- la promoción y la comunicación con los distribuidores,
- la logística,
- la organización y transmisión de informaciones.

El jefe de producto no domina ninguno de esos puntos, pero si que puede ser muy bien el iniciador y coordinador.

7

La puesta en práctica

El éxito de una estrategia de marketing se juzga sobre el terreno de la empresa, de los distribuidores, y de los clientes. Está claro que el jefe de producto es totalmente responsable de los posibles fracasos. Para él, pues, es primordial implicarse también en la realización de los objetivos que él fija para la empresa. El punto de vista del terreno le permite mejorar su experiencia y poner de relieve las causas del fracaso, o los puntos débiles de sus recomendaciones. En fin, está claro que no hay nada como el contacto con los clientes para poder comprenderles bien.

La comunicación interna

Tiene por objeto hacer comprender y aceptar las ideas del jefe de producto en toda la empresa. La comunicación interna del jefe de producto facilita antes que nada todos los elementos necesarios para comprender la situación, y luego permite explicar la estrategia elegida y seguir su aplicación.

Las presentaciones en reuniones

Son una parte crucial del trabajo del jefe de producto. El destino de los productos se decide durante las presentaciones. Todos los proyectos, lanzamientos de producto y acciones pasan por una presentación a un público más o menos extenso.

He aquí algunos consejos básicos para asegurar el buen funcionamiento de una reunión en la que usted presenta un proyecto.

- A la hora de preparar esta reunión, envíe personalmente un orden del día y los documentos preparatorios. Solicite las posibles modificaciones al orden del día, y si le faltan algunos documentos, pídalos indicando una fecha límite de envío.

- El orden del día comprende entre otros:
  - la lista de puntos que se tratan en la reunión,
  - el tiempo máximo de discusión de cada punto,
  - los documentos que es preciso aportar,
  - la información de orden práctico (reservas, lugar, comidas, pausas, teléfono...).
- El horario debe ser respetado. Procuren que la reunión empiece con puntualidad: para ello llame a los participantes 5 ó 10 minutos antes del inicio. El principio de la reunión, exponga el horario general, al mismo tiempo que el orden del día. Pregunte si estos dos puntos representan algún problema. Luego, pase al meollo del asunto y respete el orden del día y los tiempos.
- Acostúmbrese a conceder a los participantes el derecho de aprobación. Si le dan su consentimiento a los pequeños detalles, se sentirán más inclinados a aprobar, finalmente, el tema principal o de fondo del debate. Si usted sólo presenta la cuestión de fondo, las respuestas positivas serán más aleatorias, ya que no existirá una «espiral positiva» y el no al proyecto puede que signifique, en realidad, un no a un punto de detalle.
- Demuestre que domina el tema a la perfección. Es un medio de inspirar confianza al auditorio. Hay que responder directamente a las primeras preguntas, y no hay que dudar en hacerlo un detalle. Sólo ha de presentar el 50% del proyecto, el 50% restante es su reserva.
- Acepte inmediatamente y con entusiasmo las buenas observaciones, las buenas ideas propuestas. Haga notar aquellas que parecen no tener ningún sentido o que están fuera del tema.
- Dos horas antes de la reunión verifique el material y la sala. Los puntos que se indican a continuación son, con frecuencia, causa de mal funcionamiento: el «*paper board*» no ha sido recargado correctamente, la lámpara del retroproyector está fundida, la pantalla de proyección no está limpia, el reglaje del retroproyector es complicado, la luz es demasiado potente dentro de la sala para que se den unas buenas condiciones de proyección, no hay ni agua ni vasos, no hay suficientes ejemplares de los dossiers.

  Una vez que haya comprobado estos puntos ya puede esperar, serenamente, la hora de la reunión. Algunos instantes antes del inicio de la reunión concéntrese en los primeros minutos de su presentación.
- Después de la reunión haga el acta. El acta indica los puntos tratados, las decisiones tomadas y los nombres de los que han sido

encargados de llevarlas a la práctica. Cuando se haya pedido un trabajo suplementario, es preciso indicar en el acta quién es el responsable del mismo, así como la fecha de entrega. Pida a los participantes que respondan al acta dentro de un plazo máximo de diez días; pida a los destinatarios del acta que hagan sus comentarios, que usted se encargará de difundir.

Los clientes internos del jefe de producto

La noción de cliente interno está de moda desde que las empresas organizan actividades de calidad total. Los colaboradores se convierten en clientes internos para la satisfacción del cliente final, que es externo. El comercial es un cliente interno del jefe de producto, es decir, que el jefe de producto debe atenderle como si se tratara de un cliente (teniendo en cuenta sus necesidades y sus expectativas, y asegurándose de su satisfacción). De igual modo, el jefe de producto es el cliente interno de los investigadores y de la producción. Este concepto tiene ciertos límites, especialmente en cuanto a nivel de repercusiones jerárquicas: la frontera entre el servicio de un cliente interno y el de su patrono se vuelve borrosa.

Mas allá de los plazos, el jefe de producto tiene numerosos deberes y obligaciones frente a un cierto número de personas de la empresa:

- el director comercial,
- el responsable de las centrales,
- el director regional,
- el jefe de sector o área,
- el responsable del *merchandising*,
- el responsable de la planificación de producción,
- el control de gestión,
- el departamento financiero,
- el departamento de contabilidad,
- el departamento de informática,
- el departamento jurídico.

Cada uno de esos clientes internos encontrará en el plan de marketing del jefe de producto los elementos que le conciernen.

La comunicación con la fuerza de ventas

No ha de existir ningún enfrentamiento entre comercial y marketing. Está en juego la supervivencia de la empresa. Para evitar cualquier conflicto, e incluso las discusiones acaloradas, le corresponde al jefe de producto, entre otros, establecer unos soportes de comunicación eficaces.

No se repetirá nunca lo suficiente: la base de una comunicación eficaz es escuchar. El jefe de producto debe escuchar a la fuerza de ventas. Los comerciales, por naturaleza, no son muy sensibles, están constantemente a la escucha de sus clientes sobre el terreno y si, a su vez, en la sede de la empresa no hay nadie que les escuche, puede crearse un malestar que puede conducir a una situación en la que no sea posible ningún tipo de comunicación. La instauración de reuniones específicas puede poner remedio a esta situación. Estas reuniones son el marco de liberación en el que todas las críticas estén permitidas, en el que se escucha a los comerciales y en el que sus consejos y los de sus clientes son, finalmente, tenidos en cuenta.

Un comercial que representa a la empresa ante los clientes se encuentra solo en su área. Es importante que esté unido a la central por medio de un boletín semanal. Este documento proporciona, a la vez, informaciones prácticas y necesarias para el trabajo del comercial, así como noticias de la empresa. El jefe de producto podrá tener allí una sección habitual sobre la vida de las marcas, los proyectos en curso, los presupuestos, los ejes de investigación.

El trato con los clientes

El jefe de producto conoce bien a los clientes, pero sólo en teoría, y no tanto en la práctica. Por medio de estudios e investigaciones el jefe de producto habrá establecido una tipología de la clientela, pero los encuentros personales son ocasionales. Este conocimiento empírico es, por lo tanto, el complemento indispensable al conocimiento estadístico.

La escucha de los clientes y distribuidores

Los comerciales representan al distribuidor, el jefe de producto, al usuario. Sin distribución, el producto o el servicio no tiene ninguna posibilidad de llegar a su mercado y a sus consumidores. Por este motivo el jefe de producto ha de escuchar a los comerciales, para poder satisfacer a los consumidores.[1]

Del éxito de estas actividades depende la calidad de la disponibilidad del producto. El desafío es importante y justifica las sumas, cada vez mayores, que se le dedican.

El jefe de producto puede crear un club de clientes, o de usuarios. La creación y la gestión de un club exigen una gran energía y una movilización económica importante. Si se maneja bien es una herramienta de fidelización imparable, que utiliza todas las técnicas del marketing directo.

Los viajes informativos, al igual que los salones o ferias, son también la ocasión de que el jefe de producto se encuentre con ciertos clientes. Estos encuentros se aprovecharán para tomar la «temperatura» del mercado.

Además, el jefe de producto asistirá a ciertas negociaciones en la central de compras, bajo la dirección del responsable de las centrales. Intervendrá, a solicitud de este último, para presentar el aspecto de investigación, estudio de mercado, innovación de la gama de productos a referenciar.

El acompañamiento a los vendedores

El jefe de producto dedica, una o dos jornadas al mes, a acompañar a los comerciales sobre el terreno. Es la ocasión ideal para que el jefe de producto se encuentre con los clientes, mida la calidad de sus recomendaciones y la distorsión entre la estrategia y la percepción que el cliente tiene de la misma.

Además, es la oportunidad de conocer mejor a la fuerza de ventas, a través de un contacto menos superficial que las reuniones oficiales en la central.

La planificación de las rutas se realiza para todo el año, a partir del mes de enero y de acuerdo con el director comercial. Después de cada acompañamiento se hace un acta que se distribuye a los comerciales y al director de marketing. Este acta no contiene ningún juicio de valor sobre la calidad del trabajo comercial sino, únicamente, un análisis de los comportamientos de los clientes y los posibles problemas que podrían ser de la competencia del jefe de producto (PPV mal adaptada, argumentación de ventas demasiado larga, etc.).

---

1. Las funciones *trade-marketing* ya se han implantado en numerosas empresas, a fin de optimizar las relaciones con la distribución (ver página 118).

Las visitas acompañadas no deben, en ningún caso, ser una fuente de trabajo suplementario para el comercial. Si la primera entrevista es a las 7.30 el jefe de producto debe llegar la víspera y reunirse con el comercial en su hotel. El cometido del comercial no es hacer de chófer ni de taxi, y su trabajo no debe ser planificado en función del último avión con destino a Madrid o a Barcelona. La llegada del jefe de producto ha de ser una ayuda y no una carga. Se recomienda una ruta de dos días de duración, aunque es durante el transcurso de la cena cuando la discusión será más enriquecedora para el jefe de producto.

Lo que hay que evitar: las rutas «turísticas» a Canarias en el mes de julio, las rutas de fin de semana a la Costa Brava o a Segovia, los viajes de «acontecimiento» que se deciden en el último momento para asistir a la inauguración de un nuevo almacén.

Las respuestas a los consumidores

El jefe de producto está en contacto directo con los consumidores. Unos le escriben, otros le telefonean. En cualquier caso, la respuesta aportada debe ser personalizada e incluida en una base de datos.

- Cuestiones sobre la calidad de los productos: las reclamaciones de los consumidores son muy importantes, son un indicador de la satisfacción (o de la insatisfacción), son útiles para descubrir un problema puntual de fabricación. En el envase debe constar, y de forma bien visible, los datos y dirección del servicio al consumidor. Ciertas empresas, muy orientadas a la satisfacción del consumidor, examinan las reclamaciones de los consumidores de cada mes, en el comité de dirección. Es costumbre hacer llegar a los consumidores decepcionados un producto de sustitución.
- Preguntas sobre la disponibilidad del producto: para ello hay que preparar una lista de los establecimientos que lo tengan, por regiones y ciudades. Todas las observaciones de los consumidores sobre el punto de venta deben ser transmitidas al servicio comercial.
- Preguntas sobre el cese de fabricación de los productos: cuando se deja de fabricar un producto siempre hay muchos consumidores que se quejan de ello. Un pequeño stock de seguridad para hacer llegar «el último producto» a un consumidor fiel durante años será bienvenido.

Respuesta a las reclamaciones

Sr. Xavier Mas
Villarroel, 152
08015 Barcelona

Muy Sr. nuestro:
Acusamos recibo a su carta (llamada telefónica) del 31 de diciembre de 1994 y le agradecemos el interés que demuestra usted por nuestros productos.
Lamentamos la desilusión sufrida por usted al utilizar los productos X.
Podemos afirmarle que este incidente es raro, ya que nuestra empresa toma las mayores precauciones a lo largo de todo el proceso de fabricación, a fin de garantizar una excelente calidad.
Sin embargo, es posible que haya sucedido un accidente durante la fabricación del lote del producto X, y por ello, iniciamos inmediatamente las investigaciones necesarias para averiguar la causa.
Nos excusamos nuevamente y le adjuntamos un surtido de nuestros productos.

Atentamente,

Hacer que los demás hagan el trabajo

En el desempeño de su función el jefe de producto colabora con casi todos los servicios de la empresa, pero también con numerosos proveedores exteriores.

La gestión de los mismos es compleja, ya que son numerosos y muy diversificados. De nuevo hemos de decir que las cualidades de adaptación y motivación son las que permiten que el jefe de producto gestione bien esta parte externa de sus responsabilidades, en campos muy diversos como la creación artística, las técnicas de impresión, e incluso las importaciones de objetos de reclamo *(gad gets)*.

La elección de los proveedores

▶ *Proveedores de primer grado*

El jefe de producto elige a la mayor parte de sus proveedores, pero hay una parte que le es impuesta, ya sea por la antigüedad de las relaciones de la empresa, ya sea por contrato, como la mayor parte de las agencias de publicidad. Cada vez es más difícil poner fin, sin indemnizaciones, a la colaboración con una agencia.

El jefe de producto asume la responsabilidad de todos los proveedores, los haya elegido o no, en la medida en que les pasa un pedido y acepta las normas. Las relaciones con los proveedores son de una gran importancia y debe instaurarse un clima de confianza mutua. Es preciso sacar lo mejor de cada proveedor, y es el jefe de producto el que los «gestiona».

Hablando con propiedad, no existe un método de selección de proveedores, pero hay que tener en cuenta varios criterios:

- la antigüedad de las relaciones,
- seriedad y estabilidad financiera,
- clientes con referencias y recomendación de terceros,
- su competencia.

La elección de los proveedores debe hacerse con visión a largo plazo, no debe elegirse sistemáticamente al menos caro. Si el jefe de producto es apreciado gracias a lo adecuado de sus recomendaciones estratégicas, lo es también, y más de lo que se piensa, gracias a la calidad del trabajo de sus proveedores.

Una estupenda acción promocional puede deteriorarse con el retraso en la entrega del embalaje. Esta clase de contratiempo, que perturba y retrasa el trabajo de por lo menos diez personas en la empresa, dejará más huella que otra posible incidencia.

▶ *Los proveedores de segundo grado*

Son los proveedores gestionados por el departamento de compras o de producción, pero con los que debe colaborar el jefe de producto. Por ejemplo, el fabricante del tubo de crema ha de explicar al jefe de producto y al comprador de la empresa su nuevo sistema de cierre. A veces una solicitud de oferta para encontrar un accesorio o un producto responde a la iniciativa del jefe de producto.

En este caso, el jefe de producto debe actuar con mucho tacto, dejándolo en manos del **jefe de compras** de la empresa, pero insistiendo firmemente en los puntos que desea mejorar. En ningún caso ha de actuar dando órdenes, sino con ánimo conciliador.

▶ *Utilidad de los proveedores*

Es frecuente que los proveedores estén especializados en un sector y las informaciones que pueden darle acostumbran a ser fundadas. Pueden servir de base a un estudio sobre nuevos procedimientos o ser útiles para una observación de la competencia.

Las informaciones de los proveedores adoptan diversas formas:

- contacto cara a cara,
- visita de fábrica,
- documentación.

Los proveedores especializados son una fuente de información. Pueden completar la formación del jefe de producto en ciertos campos y ayudar al lanzamiento de nuevos productos.

La gestión de los proveedores

▶ *Todo por escrito*

Desde la solicitud de oferta hasta la eventual carta de reclamación, cualquier intercambio debe hacerse por escrito e incluir el máximo de detalles pertinentes. En el caso de los documentos importantes u oficiales puede imponerse la carta certificada o, en su defecto, es posible solicitar un acuse de recibo. El desarrollo del fax no cambia la manera de proceder, ya que una simple carta no tiene más valor jurídico que un fax.

Los puntos importantes que hay que confirmar conciernen al objeto del contrato, el precio, los plazos, las penalizaciones por retraso y otras aspectos importantes.

En el caso de operaciones complejas, el proveedor ha de aceptar un *planning* con las diferentes etapas, a fin de poder seguir las operaciones y prevenir cualquier desvío o, dado el caso, organizar de forma interna un nuevo planning.

En el caso de los contratos a largo plazo o que incluyen creación artística, a veces es necesaria la ayuda de un jurista.

Es imprescindible disponer de un impreso numerado de pedido que se refiere al presupuesto, que también está numerado, indicando además los plazos y condiciones de pago.

Los recursos (en caso de retraso, no-conformidad o fallo) son la asignación, el seguimiento y lo más duro: la presentación de una denuncia ante el Registro Mercantil.

▶ *Clasificación*

Deben conservarse, debidamente clasificados, todos los presupuestos recibidos. En caso de una ulterior discusión de su política de compras (por parte de la dirección financiera), las pruebas de sus solicitudes de ofertas le serán muy útiles. Esta base de datos también puede ayudarle a la hora de establecer el presupuesto anual, acercar lo más posible los costes a la realidad y justificar el conjunto presupuestario que usted solicita.

Sin detallar todos los campos de actividad, ni pretender dar un cariz técnico a cada uno de los sectores, examinamos los tres proveedores más importantes en términos de presupuesto y de necesidad de calidad: los asesores de estudios, los asesores de comunicación y las artes gráficas en el sentido más amplio.

Las empresas de estudios

Cada tipo de estudio de marketing tiene sus especialistas. Algunas grandes empresas (Sofres, Nielsen, Secodip ...) proporcionan una gama completa de estudios pero la mayor parte están especializadas en un campo determinado. Las herramientas son cada vez más sofisticadas, y es muy conveniente conocer las metodologías de cada estudio, antes de acudir a este o aquel proveedor. Una vez más hemos de insistir en que son necesarias una buena documentación y una buena definición del problema que hay que resolver.

Es posible distinguir, por los temas específicos, las empresas de estudios que son proveedores ocasionales según las fases de desarrollo de los productos, los «panelistas» y las empresas que venden estudios ya hechos.

▶ *Los estudios* «ad hoc»

Son estudios realizados especialmente a medida de las necesidades del cliente y que el proveedor se prohíbe vender a otros clientes. Los estudios «*ad hoc*» representan el 50% de los estudios que se reparten en un 80% en estudios cuantitativos y el 20% en estudios cualitativos.

Existen diversas metodologías: entrevista personal, colectiva, test proyectivo,... Frente a todos estos métodos, cada proveedor tiene su ámbito de competencia y está claro que tiene tendencia a orientarle a usted hacia su especialidad y de ahí, por tanto, la importancia de conocer bien a cada proveedor.

Los únicos estudios que necesitan un informe previo del cliente son los estudios «*ad hoc*»; los demás tipos están «listos para llevar». La redacción del informe previo condiciona la calidad de los resultados y el paquete presupuestario. Con un informe vago, las preguntas serán más numerosas y la encuesta, más cara. Los costes de un estudio varían desde unas 87.500 ptas. (para una pregunta colectiva a 2.000 personas) a 250 millones de pesetas (para un estudio complejo de comportamiento o un test de comercialización de mercado).

▶ *Los paneles*

Los «panelistas» Iri-Secodip y Nielsen, lanzan nuevos paneles de distribuidores escanerizados; las cifras de ventas no provendrán ya de la compleja resta de las compras y las existencias, sino de las salidas por cajas registradoras equipadas con escáneres. Es una verdadera revolución que muestra casi en tiempo real la influencia del precio de las promociones y de las acciones de *merchandising* (para más detalles, vean la página 53).

Los contratos con los «panelistas» son, por naturaleza, compromisos a largo plazo, con un período de preaviso en caso de cancelación. La negociación de partida respecto a los costes de suscripción tiene una gran importancia, ya que se renuevan de forma tácita cada año. Se puede, por supuesto, encargar un estudio puntual (un «*one-shot*»), pero el precio acostumbra a ser disuasorio, y las conclusiones que se desprenden del mismo sólo tienen una fiabilidad mediana, ya que la fuerza del panel reside más en la evolución y las tendencias que en las cifras brutas absolutas.

El coste de una suscripción va desde 6 millones de pesetas (panel clásico sobre papel) a 37,5 millones de pesetas (para un panel escanerizado) anuales. Hay que añadir las licencias de explotación de los programas informáticos que permiten interpretar los datos del panel.

A cambio del derecho a realizar encuestas dentro de los establecimientos, los panelistas ofrecen resultados sobre la marca propia y la cuota de mercado de los segmentos de productos, pero en ningún caso la cuota de mercado de las marcas.

El nuevo tipo de panel de que se dispone hoy en día se denomina «*tracking*». Después del seguimiento de las ventas de los distribuidores, el seguimiento de las compras del consumidor, el «*tracking*», sigue la imagen que las audiencias tienen de las empresas: se puede hablar con propiedad de un panel cualitativo. Su coste es muy elevado, pero las conclusiones son muy útiles.

Los paneles de toda clase representan el 30% de gastos en estudios en Francia[1]. Nielsen e Iri-Secodip están también presentes en el mercado de los estudios publicitarios sobre la competencia y las medidas de audiencia.

▶ *Los estudios colectivos*

También se denominan estudios por suscripción o barómetro. Se pueden comprar estudios en varios campos y de una complejidad variable. Por ejemplo, el Banco de España publica estudios sobre los grandes sectores económicos españoles e internacionales: ciertas empresas de estudios realizan encuestas sobre temas concretos y de actualidad: por ejemplo, «El impacto del multimedia en las empresas de servicio».

El jefe de producto debe investigar a fondo los estudios colectivos disponibles, antes de encargar un estudio «*ad hoc*», que es mucho más caro.

Las agencias de publicidad y comunicación y sus honorarios

Son, con diferencia, los proveedores de servicios más importantes para el jefe de producto. La agencia de publicidad, la agencia de diseño, la agencia de promoción o de marketing directo aportan valor añadido a los productos. La elección y la remuneración de estos proveedores merecen ser bien sopesados.

La elección de un nuevo proveedor se hace por medio de concurso, remunerado, entre unas cuantas agencias extraídas de una «*short-list*». Es el resultado de un primer examen de las agencias susceptibles de servir bien a la marca. Además, hay agencias asesoras en la elección de agencia.

La remuneración se hace de distintas formas: por porcentaje del presupuesto de compra de espacio (comisión), en honorarios, por vencido, por derecho de autor, según los rendimientos, o incluso mezclando estos distintos métodos. La ley Sapin (en Francia) ha introducido la transparencia en las remuneraciones de las agencias, principalmente en las comisiones de los soportes y las centrales de compra de espacio. El jefe de producto conoce ahora la remuneración real de la agencia y esta no es una razón para reducirla. El jefe de producto y la agencia de-

---

1. Fuente Esomar.

berían, sobre todo, dedicarse a aumentarla sensiblemente de forma paralela a la calidad del trabajo realizado. El umbral histórico de una remuneración del 15% de la compra de espacio se ha convertido, hoy en día, en obsoleta, ya que las agencias han añadido numerosos servicios relacionados con la marca (estudios, seguimientos, estudios sobre la competencia, estrategias...). David Ogilvy pretendía, con justicia, que a una agencia se le debería pagar con una cierta generosidad a fin de permitir la existencia de un buen entendimiento y un trabajo de calidad.

Existen contratos tipo en los organismos profesionales para regir las relaciones anunciante-agencia. En cualquier caso, se aconseja redactar un contrato. En ausencia de documentos escritos lo que rige las relaciones entre las partes es un contrato de hecho, lo que no favorece ni a unos ni a otros.

La impresión (preimpresión, publicación asistida por ordenador –PAO–, cadena gráfica)

Los métodos de impresión, y especialmente los de preimpresión, han evolucionado muy rápidamente, al ritmo de las posibilidades informáticas. Aparece un nuevo género de empresa: los estudios de impresión. En el pasado estaba reservado a las grandes empresas pero hoy en día empieza a existir como franquicia.

Hay que distinguir tres fases: la creación, la fabricación de películas, y la impresión y acabado.

▶ *La creación*

La realiza el director artístico en colaboración con el creador-redactor. Hay muchas empresas que proponen sus creaciones; hay que fijarse en la calidad de los trabajos ya realizados que se presentan en un «*book*».

Repetimos que el informe previo elaborado de forma creativa por el cliente, determina una buena parte de la calidad del trabajo final.

▶ *La fabricación de fotolitos*

Es la parte de la cadena gráfica que ha evolucionado más, gracias a la informática. En la actualidad, ésta es una función conectada directamente a los ordenadores de creación y las películas se producen (por *flashes*) a precios muy bajos. Han disminuido los altos gastos técnicos que impedían la impresión de tiradas pequeñas y los nuevos tipos de trabajos se benefician de una impresión de calidad.

▶ *La impresión-acabado*

Para esta parte «laboriosa» de la impresión, las técnicas han cambiado poco. En cambio, los métodos comerciales evolucionan y los impresores recurren, cada vez más, a nuevas estrategias para vender sus servicios (lo que en general no acostumbra a ser señal de un buen seguimiento del dossier).

Tabla de trabajo y de establecimiento de presupuestos

Carpeta:		Subcarpeta:		Número de subcarpetas:	
Nombre del proveedor: Dirección: Teléfono: Fax: Carpeta controlada por: Se informa a:			Fecha de inicio de la carpeta: Fecha de inicio de la subcarpeta: Plazos/Retrasos: Entrega el: Lugar de entrega 1: Lugar de entrega 2:		
Documentos entregados	Número	Clase de realización		Número de págs.	Cantidad
Ektas Bromuros color Bromuros B y N Ilustración Maqueta Video Disquette, Syquest Fotos Pruebas e impresos Documentos reducidos Muestras Documentaciones		Tarifa Catálogo Ficha de argumentos y promoción Plastificación Carpeta de prensa Fotocopia B/N Fotocopias color Envase PPV Cartel Serigrafía Paneles de exposición			

Salida		Trabajos preparatorios		
Bromuro	Matchprint Cromalin	Fotos		
Películas negativas	Iris	Ilustraciones		
Positivo	Láser	Nueva redacción de textos		
Ekta	4 películas	Retoque de fotos		
Ozalid	resolución	Número de scan cuatricromías		
Cromalin	Trama	Superficie de scan cuatricromías		

Detalles técnicos		Papel		
Número de colores		Gramaje		
Ilustraciones		Color		
Toma de vistas		Clase (couché)		
Insolación scan		Mate		
Trama cuatricromía rebajada		Brillante		
Degradado		Formato		
Matiz Pantone				
Imagen de síntesis		A4		
Flascado		A3		
		Otros		

Acabados		Encuadernación		
Barnizado UV		¿Ranurado/acanalado?		
Barnizado mate		Plegado		
Barnizado parcial		Cosido		
Barnizado total		Encolado		
Película		Entregado plano (sin plegar)		
Otros		Lomo cuadrado		
		Lomo encolado		
Ensobrado		Inserción de otros documentos		
Envío		Franqueo		
Devolución de los doc.:		Carpeta archivada:		

Debe concederse una atención muy particular a la elección de los proveedores. No es obligado que sea el más barato el que se encargue del trabajo; también hay otras consideraciones a tener en cuenta: la creatividad, los servicios anexos (el acabado, el ensobrado, la expedición, el almacenaje...).

Los demás proveedores de servicios

La publicidad en el punto de venta –PPV–, la asesoría de marketing y estrategia, la gestión de la base de datos, los objetos publicitarios, los medios, los fabricantes de stands, la prospección telefónica o «*phoning*», los fotógrafos, los proveedores de vídeo. Al jefe de producto le interesa tener una agenda de direcciones lo más completa posible.

El jefe de producto conservará todas las documentaciones remitidas por los proveedores y las archivará por temas. Por ejemplo...

- Asesores
  - agencia de comunicación
  - agencia de relaciones públicas
  - agencia de diseño
  - concepción de actos
  - asesoría de *merchandising*
  - creador redactor «*freelance*»
  - instituto de estudios «*ad hoc*»
  - panel y estudio de la publicidad de la competencia
  - estudio por suscripción
- Fabricación de impresos
  - estudio de creación
  - impresor general
  - impresor especializado
  - PAO (publicación asistida por ordenador), preimpresión.
- PPV
  - PPV metal
  - PPV cartón
  - PPV plástico
  - fabricante de PPV en general.
- Presentación
  - infografista
  - material de presentación
  - multimedia
- Exposición

- – fabricante de stands
- – material de alquiler
- Regalos
  - – fabricante de objetos
  - – catálogos de importadores
- Alquiler
  - – Alquiler de material de recepción
  - – Alquiler de televisor y material audiovisual.
- Imagen
  - – proveedor de vídeo
  - – fotógrafo
  - – laboratorio fotográfico
  - – ilustrador-dibujante
- Varios
  - – fabricante de instrumentos de clasificación y archivo
  - – traductor
  - – asociaciones profesionales.

La gestión de los procedimientos

Los procedimientos, reunidos en un manual de procedimientos de la empresa, sirven para recordar el funcionamiento general de la empresa e imponen un modo de publicación y de distribución de la información.

La aplicación de los procedimientos es una restricción y una pérdida de tiempo en ciertos aspectos, pero también es una gran ayuda. La ventaja principal reside en la sistematización de los procedimientos, ya que todas las personas implicadas son informadas al mismo tiempo, gracias a la ayuda de un documento estándar.

La finalidad de la información sobre los procedimientos es anunciar, a todas las personas implicadas, las modalidades de un acontecimiento de cierta importancia en la vida de la empresa. Es una especie de «Boletín Oficial» o diario de a bordo de la empresa, para que nadie ignore la ley; especialmente si tiene que desempeñar un papel en dicha acción.

Esta información contiene las modalidades principales de la acción las necesidades particulares, las fechas de implantación, los procedimientos de urgencia y, sobre todo, las firmas de cada director de departamento de la empresa. Teóricamente todos los puntos han sido verificados en las reuniones preparatorias o en el plan de marketing.

Es una información para ser aplicada en las actividades que implican a un elevado número de colaboradores de la empresa, como por ejemplo, las promociones, los cambios de envase, las modificaciones de precio, las rupturas de stock. Las informaciones sobre los procedimientos pueden ser sobre otros campos específicos de cada clase de organización.

▶ *Las informaciones sobre los procedimientos de las promociones*

Las promociones de todo estilo se multiplican en toda clase de productos. Contribuyen a dinamizar las marcas, pero también son elementos perturbadores a todos los niveles.

- Producción: con frecuencia la promoción se realiza en el propio producto y, por lo tanto, es preciso producir una serie especial de «productos de promoción». Los cambios pueden ser sencillos, como pegado de un autoadhesivo sobre el embalaje, o más complicados, como la inserción de un regalo en el interior (lo que exige una modificación del proceso de fabricación).
- Informática: si cambia el precio, el código, el peso o las condiciones de venta del producto, el servicio informático debe modificar los datos en la base central del ordenador para que todos los documentos (factura, albarán de entrega, procedimiento de compra de la materia prima, estadísticas de venta) sean conformes.
- Ventas: los vendedores deben ser informados con anticipación de las fechas de la promoción, deben disponer de los instrumentos de venta apropiados y de muestras. En el caso de las primas «*on pack*», deben recibir suficientes regalos para distribuirlos a los clientes previstos.
- Administración de ventas: la administración de ventas vigila las normas de la promoción (si el descuento está condicionado a la compra de productos diferentes de ciertas gamas, por ejemplo). En general, los pedidos son recogidos o comprobados por la administración de ventas; las nuevas referencias deben serles comunicadas.

En caso de una disminución temporal del precio de facturación, debe preverse la solución de los litigios con los clientes que solicitan una prolongación de este menor precio (ciertos clientes no dudan en deducirse ellos mismos la cantidad a la que ya no tienen derecho).

Procedimiento de promoción

Ficha de acción publipromocional n.º ...	
Nombre de la operación	
Acción	
Fechas	
Públicos	
Objetivos	
Modalidades	
Presupuesto	
Comentarios	
Efectos inducidos	
Resultados	
Puntos a mejorar	
Firmantes	Dirección general
	Dirección financiera
	Dirección comercial
	Dirección de recursos humanos
	Dirección de producción
	Dirección de marketing

▶ *Las modificaciones de precio*

Las modificaciones de precio se ponen en vigor siguiendo un modelo similar al formulario de procedimiento de promoción.

▶ *Las rupturas de stock*

Las rupturas de *stock* se señalan en un modelo similar al del formulario de procedimiento de promoción.

▶ *La información general normalizada*

Nota, memorándum, carta, informe, acta, etc., cada uno de estos términos designa un tipo diferente de comunicación en la empresa. Cada uno de ellos tiene una presentación diferente, un modo diferente de circulación dentro de la empresa y corresponde a un tipo de información concreta.

Las grandes empresas, o las filiales de grandes grupos multinacionales disponen, en general, de un diseño-tipo y de una normativa para utilizar los distintos tipos de presentación.

Si no existe ningún tipo de normalización, es preferible construir una propia, teniendo en cuenta el diseño existente, sin perjuicio de mejorarlo.

La tabla de la página siguiente hace inventario de las clases de información normalizada posibles.

Si un mismo tipo de comunicación se hace a intervalos regulares, se recomienda respetar las reglas siguientes:

- la misma lista de distribución
- un título claro e idéntico con número de orden (acta n.º 1, n.º 2 ...),
- la misma presentación, el mismo plan, la misma unidad de valor para las tablas.

Respuesta a las reclamaciones

Tipo	Objeto y contenido	Utilización
Memorándum o memo	Punto de vista sobre un sistema	Con el fin de resolver un punto, precisar su punto de vista actual sobre un problema, un hecho de actualidad... No busca respuesta.
Nota	Breve indicación recogida por escrito	Una nota puede ser manuscrita, con frecuencia es una pregunta que busca una respuesta.
Informe	Exposición y análisis de lo que se ha visto y oído, testimonio de lo que se ha hecho.	
Carta	Envío al exterior de la empresa, contenido diverso.	Debe incluir el logo de la empresa, atención a la posición de la dirección en relación con las ventanas de los sobres.
Memento	Recordatorio, definición de palabras y conceptos.	Al inicio del proyecto, es importante definir un cierto número de términos para evitar cualquier equívoco.
Orden del día	Es a la vez una invitación y un documento de trabajo preparatorio.	Comunicar a los participantes y a sus superiores jerárquicos los temas que se tratarán.
Acta	La exposición de lo que se ha dicho o hecho, incluso si su papel es pasivo. El acta no contiene ningún análisis.	Con frecuencia se refiere a una reunión, pero también se utiliza después de un encuentro informal o una conferencia.
Nota de servicio	Información general sobre diversas disposiciones de la empresa, destinada a la mayor cantidad de personas.	No la emite el jefe de producto.
Comunicado a la fuerza de ventas	Informaciones útiles para la visita a los clientes: las promociones en curso, los cambios de precio...	Todas las semanas se envía al vendedor y constituye su enlace con la empresa.
Revista de prensa	Selección de artículos aparecidos en la prensa.	Varios niveles según los destinatarios, artículos de fondo, artículos prácticos...

TERCERA PARTE

UN JEFE DE PRODUCTO EFICAZ

El jefe de producto tiene una tarea laboriosa y hermosa a la vez, constituida por numerosos contactos y responsabilidades diversas. Recibe y produce gran cantidad de información. Para sacar adelante una intensa vida profesional, debe organizar su carga de trabajo so pena de no poder acabar nada y tener un sentimiento de frustración.

Una buena organización permite que un jefe de producto trabaje con total serenidad, mejore su rendimiento y consiga un éxito total en sus acciones.

Esta parte aporta suficientes ideas y soluciones para que se exprima al máximo la creatividad de cada uno.

Le proponemos soluciones para cada campo, que con frecuencia son moldeables; unas tratan de la gestión de una persona en «prácticas» (capítulo 8), otras de la gestión del tiempo (capítulo 9), de la informática (capítulo 10) y de la clasificación (capítulo 11).

8

La gestión del personal en prácticas

Lo que realmente hace el jefe de producto, su empleo del tiempo y el destino de su energía cuentan más a los ojos de un ayudante o de una persona en prácticas que todas las palabras. El jefe de producto debe procurar que sus actos estén de acuerdo con sus propios objetivos, los objetivos de la empresa y los objetivos que asigna a su ayudante o a la persona en prácticas.

Nunca se hablará lo suficiente sobre la importancia de la buena integración de los jóvenes en la empresa. La moda, desgraciadamente, sigue siendo la integración forzada, es decir, adaptar a los jóvenes a la empresa por medio de la comunicación con grandes refuerzos de técnicas casi publicitarias. Estos mensajes integradores tienen un sentido único y el joven recluta no tiene otra alternativa que amoldarse a la empresa, esperando que el traje le vaya bien. Esta lógica militar de enrolamiento debería dejar sitio, poco a poco, a un diálogo sobre las competencias de los jóvenes y la realidad de la empresa. Los directores de recursos humanos tienen mucho que aprender de los jóvenes contratados (incluso de los que están en prácticas) sobre el desfase entre el discurso de los gerentes y directores y la realidad del trabajo. El jefe de producto podrá aprovechar la ocasión que se le concede para cambiar los métodos de integración.

Ciertas empresas, entre las más famosas por sus capacidades de marketing (L'Oréal, Procter and Gamble, Unilever...), han convertido la gestión del personal en prácticas en un método de reclutamiento. Este es el motivo de que las prácticas de verano vayan dejando lugar, poco a poco, y a demanda de las empresas y la comprensión de las escuelas, a prácticas de seis meses a tiempo parcial o de tres meses a tiempo total.

El jefe de producto tiene así la ocasión de debutar en la función de gerente, ya que se trata de gestionar bien este aporte de trabajo suplementario y elegir a su futuro ayudante.

El jefe de producto tiene deberes de formación frente a la persona en prácticas. En cuanto a este último, solamente si encaja adecuadamente podrá ofrecer su plena contribución.

El reclutamiento y la inserción en la empresa

Las personas en prácticas tienen una formación superior. Los riesgos del reclutamiento residen esencialmente en la dificultad de evaluación de los candidatos. Sin experiencia de marketing (salvo en el caso de un cursillo especial), es arriesgado predecir si el candidato desarrollará un estilo de marketing adecuado al de la empresa. El juicio de valor no puede apoyarse en realizaciones de marketing ni en acciones de gestión. Hay que elegir al candidato según su buena «composición intelectual».

Los detalles prácticos

Un despacho preparado, unas palabras de bienvenida, presentación del equipo de trabajo, con las personas con las que la persona en prácticas tendrá relación; esta entrada en materia es tan importante para quien hace la práctica como para la empresa. Se puede presentar la empresa a quien hace la práctica de la misma manera que a un cliente.

¿Cuál es el horario de comidas? ¿Tiene derecho al servicio de bar o a los tickets de restaurante?; su despacho, sus cajones y sus archivos, ¿son personales? Debe cuidar todos los detalles prácticos que ponen al personal en prácticas en unas buenas condiciones de trabajo. No olvide precisar cuándo y cuánto se le pagará y sus ventajas (tickets de restaurante, gastos de desplazamiento, productos gratuitos, una prima eventual...).

La ley permite que el sueldo de la persona en prácticas sea bajo e incluso puede ser que no suponga ningún coste para la empresa.

Está claro que si se recibe alguna remuneración, ésta será claramente insuficiente para una persona en prácticas al final de sus estudios. Es deseable compensarle con el pago de una prima o reembolsándole unas compensaciones importantes. Un trabajador en prácticas mal pagado siempre será un poco reticente a efectuar un buen trabajo.

Un estudiante en prácticas es, además, una fuente importante de información:

– sobre los estudios en general (clasificación de las escuelas),
– sobre su propia empresa (vista por unos ojos nuevos),

– sobre la competencia (una nueva clase de espía).

Pero no debe limitar su papel a una misión de investigación documental.

Los objetivos

Campo	Prioridad	Objetivos	Planes de acción	Fechas del principio y fin
Gestión	C	Reducción de los gastos de impresión	Negociación con los proveedores	01-09/31-12
Producción	B	Limitación del stock de materia prima (– 5%)	Previsión de ventas	01-10/30-11
Productos 1		Ninguno		
Productos 2	D	Rentabilidad actual (+ 5%)	Cambio de precios	05-09/28-01
Proyecto 1	A	Lanzamiento de nuevo producto	Prueba productos 3	15-11/30-12
Mercado A	C	Adaptar los productos 2 al mercado A	Extensión de la gama	01-09/31-12
Mercado B	E	Análisis de potencialidades	Encuesta mercado B	15-09/25-01
Conocimiento	B	Maestría de la herramienta de interrogación informática personal		15-10/25-01
Organización	D	Sobre los nuevos procedimientos de compromiso presupuestario	Seguimiento informático del presupuesto	05-09/23-12
Coordinación	B	Mejorar las relaciones con los comerciales	Gira sobre el terreno	05/09-25-09

Los objetivos deben ser discutidos y comunicados de manera formal desde los primeros días. Se pueden descomponer en un objetivo académico, un objetivo para la empresa, un objetivo personal.

Al desarrollar unos contratos de objetivos con su estudiante en prácticas, es decir, al explicarle lo que espera usted de él y al hacerle participar en las decisiones que afectan al resultado, se consiguen varias ventajas:

– una mejor actuación, debido a que participa en la propuesta de los objetivos,
– un autocontrol del trabajo, debido a la toma de conciencia de la finalidad.

La elección de los objetivos se hace dentro del marco de los objetivos principales de la empresa y la política del servicio de marketing. Se trata de un límite a la libertad de participación.

La delegación de responsabilidades

Es necesario que se explique claramente al personal en prácticas, la extensión de su responsabilidad: ¿qué decisiones puede tomar en su nombre sin que usted le hable de ello a priori? Cuando se ocupa de un dossier que usted le ha confiado, su autoridad le ha sido delegada, de cara a los proveedores y a sus colegas. Indíquele concretamente sus responsabilidades personales, especialmente aquellas que puede usted confiarle, y su grado de autonomía.

Las entrevistas

¿No quiere usted que le molesten diez veces al día? Siga una agenda clara con unas citas fijas y pídale al estudiante en prácticas que programe estas citas, así como sus órdenes del día, y eso se convertirá en su plan de trabajo.

Además, convendría que comieran juntos los dos, una vez cada quince días, ya que el estudiante en prácticas tendrá muchos temas de conversación que no osa abordar dentro marco de trabajo, en el sentido estricto.

El informe sobre las prácticas y su valoración

El tema debe quedar definido desde la primera semana. Procuren que se convierta en una de sus prioridades y que, por lo tanto, pueda usted utilizarlo enseguida. Este informe es muy angustioso para el personal en prácticas y usted puede librarlo de esta sensación si le ayuda a redactarlo y le proporciona algunas fuentes de información. Insista en estar presente cuando tenga que defender este informe; es una forma de subrayar la importancia del mismo en su trabajo.

La escuela de su estudiante le pedirá que al final de su estancia le proporcione usted una valoración de su trabajo. Concédale la importancia que merece. Haga que cada entrevista sea un punto del orden del día. No dude en disociar la evaluación de tipo académico de la evaluación práctica. Todas las informaciones serán de una gran ayuda para su estudiante.

Si lo elige bien, el estudiante en prácticas le ayudará de una manera eficaz y si le permite a usted aligerarse de tareas cotidianas para consagrarse al trabajo de fondo, la partida está ganada. Si, además, puede usted utilizar su informe de práctica como la base de trabajo para la consecución de uno de sus objetivos, habrá conseguido optimizar la aportación del estudiante.

9

La gestión del tiempo y las prioridades: los ciclos de trabajo del jefe de producto

Si hay un tema que se echa profundamente en falta en la formación, es el de la gestión del tiempo o, más concretamente, de un curso sobre los métodos de trabajo.

El tiempo es un recurso precioso que si se malgasta conlleva unos costes, un deterioro del beneficio y tensiones nerviosas. Nuestro tiempo de trabajo, parcelado por diversos factores de interrupción, pierde su valor; y los cambios de actividades frecuentes consiguen que se pierda. Es urgente dominar estas interrupciones de tiempo y los cambios de actividad.

Les proponemos una verdadera gestión del tiempo, a través de la formulación de algunas ideas: «las reglas de una óptima de la gestión del tiempo».

Estas reglas están basadas en sus objetivos personales, a partir de los cuales es fácil deducir las prioridades. También es cierto el razonamiento inverso: al examinar el empleo del tiempo de un ejecutivo se adivinan sus prioridades, y si el desfase es demasiado importante, se hablará de una mala gestión del tiempo.

Las diez reglas de una óptima gestión del tiempo

1. Nunca ponga como pretexto una falta de tiempo para no realizar una tarea que usted no quiere hacer, ya que entonces deja que se sobrentienda que es totalmente responsable de esa tarea pero que no puede asumirla en la actualidad, por falta de organización personal.
2. Saber decir no, o incluso retrasar una solicitud, cuidando de concederle una prioridad e incluirla en su orden del día: la consecución de sus objetivos pasa por dar respuestas negativas a todo lo que no esté relacionado con sus prioridades A, B o C.
3. Delegar en todas las personas competentes confiando totalmente en ellas, sin darle más vueltas.
4. No tener miedo de «perder» el tiempo en preparar, organizar, estudiar un dossier en concreto.

5. Reunirse con uno mismo: el tiempo dedicado a la reflexión. Las ideas maduran a poco que uno alimente la base de datos de información y que se les conceda el tiempo necesario.
6. Diferenciar lo que es urgente de lo importante; una serie de trabajos urgentes le impedirá alcanzar los objetivos que para usted son importantes.
7. Prever el desarrollo de los acontecimientos le ayudará a que no le cojan desprevenido.
8. Conocer sus prioridades de memoria (es todo lo contrario a una pérdida de tiempo) y constituirse en árbitro para juzgar si aquello que usted hace está directamente relacionado con ellas; si la respuesta es «no», saque las consecuencias inmediatamente.
9. Adopte sus propias herramientas de gestión de su tiempo y siga siéndoles fiel más allá de las modas. A la vista del éxito de las agendas modulables (lanzadas por Filofax en 1921 y luego mejoradas por decenas de empresas Time/System), el problema merece ser tratado.
10. Negarse a participar en una reunión mal preparada; pero prepare usted las reuniones de las que sea responsable de una forma irreprochable.

Ante todo, una buena gestión del tiempo exige rigor en la preparación de los planes de trabajo a lo largo de la jornada, del mes y del año, así como en la asignación del tiempo a los proyectos.

La jornada

La jornada del jefe de producto está constituida por cuatro clases de acontecimientos:

– el trabajo de los proyectos a largo plazo,
– la gestión de sus productos,
– las tareas rutinarias,
– y los imprevistos.

La herramienta de gestión de tiempo de la jornada es la agenda, que ha de tener el suficiente espacio para poder preparar bien, la tarde anterior a ser posible, el desglose del día siguiente.
No hay que perder de vista que los grandes proyectos están formados por pequeños trabajos cotidianos. Es imperativo que se trabaje cada día en uno de estos grandes proyectos que constituyen los objetivos del año.

A veces es preciso abandonar la visión a larga distancia para fijarse en lo más cercano, y este ejercicio es más peligroso de lo que parece.

Para conseguir un buen reparto de la jornada, hay que tener en cuenta los propios ritmos psicológicos (que en general comportan que se está más lúcido por la mañana y al final del día), el tiempo de latencia entre dos tareas (una agenda nunca puede estar llena al 100% del tiempo), de una cierta diversidad (para no tener que concentrarse más de dos horas en el mismo tema); un reparto previsto con anticipación permite reflexionar en la siguiente tarea antes de terminar la anterior (y evitar encontrarnos con la página en blanco al inicio de un nuevo trabajo).

Nunca hay que dejarse sobrepasar por los acontecimientos; un retraso de varios días en leer o contestar el correo hace que ponerse al día sea muy duro, y a veces no se consigue nunca...

▶ *El tema de la jornada*

Si es posible, el tema de la jornada llevará el nombre del proyecto principal que se va a tratar. La calidad y la eficacia del trabajo cotidiano dependen en gran manera de la reflexión previa sobre los proyectos. Si no se los divide en un cierto número de etapas (correspondientes a cerca de dos horas de trabajo), los proyectos son difíciles de insertar en el *planning* de una jornada.

▶ *Contactos de la jornada*

La diversidad de sus interlocutores, que abordan, cada uno, un tema diferente, le obliga a guardar un registro de esos contactos. De acuerdo con sus preferencias, puede tener usted un cuaderno de contactos, en orden cronológico, o una agenda de anillas que permite empezar un fichero por persona.

Cuando los datos intercambiados contienen elementos esenciales, debe confirmar por carta (fax o mensaje interno) el contenido de la entrevista.

▶ *Centro de información*

Usted recibe mucha información, y una parte de su función es redistribuirla diariamente según unos procedimientos idénticos, a fin de evitar cualquier pérdida de tiempo o de información.

Algunas de las informaciones recibidas conciernen a los trabajos que usted realiza a fin de mes y por lo tanto ha de guardarlas a fin de no perder tiempo. Por ejemplo, cuando precise su previsión de ventas para negociar con un vendedor.

▶ *Teléfono*

Con la multiplicación de las centralitas telefónicas inteligentes, usted puede ser localizado en cualquier parte de la empresa, e incluso fuera de la misma, por medio de los teléfonos móviles (tipo GSM). Cada vez se reduce más el número de telefonistas, ya que cada vez es mayor el número de personas que pueden ponerse en contacto con usted directamente.

Nada puede disuadir a las personas que quieren hablar con usted, los comunicantes telefónicos son numerosos y tenaces, y un colaborador que tenga necesidad de un dato vendrá físicamente a buscarlo o, lo que es peor, le escribirá una nota de servicio. Hay que canalizar estos contactos, y formar a sus interlocutores para que se adapten al ritmo que usted elija.

- Si usted le pide a una persona que le llame, haga que se pueda poner en contacto con usted directamente, ya que ella ya ha dedicado esos quince minutos para atenderle y por lo tanto preferirá hablarle directamente. Evite hacer perder el tiempo a sus colegas y a aquellos que se relacionen con usted.
- Fije usted unas franjas horarias para las llamadas telefónicas en su plan semanal y pida a sus interlocutores que le llamen dentro de esa franja.
- Sólo debe hablar con el dossier correspondiente delante y con un bolígrafo en la mano para poder tomar notas. Aprenda a ser breve y preciso cuando hable por teléfono.
- La calidez de su contacto debe proporcionar confianza a sus interlocutores a fin de que le proporcionen, inmediatamente, los elementos clave de su llamada.

▶ *Los desplazamientos*

- Aproveche sus desplazamientos para preparar el dossier en curso.
- Reagrupe los desplazamientos, siempre que sea posible, para que se realicen en una misma jornada.

- Adopte la costumbre de telefonear a su oficina después del fin de la entrevista. Puede que tenga usted mensajes referentes a su siguiente entrevista.

▶ *Entrevistas*

- Prepare cada contacto y los documentos a enviar.
- Planifique sus contactos, dejando el tiempo suficiente entre cada uno de ellos.
- Fíjese usted mismo un objetivo a alcanzar para cada una de las entrevistas.
- Guarde informe de ese contacto.
- Anuncie a su interlocutor el tiempo previsto y respételo.
- Indique claramente a su interlocutor el curso de los acontecimientos, poniéndose de acuerdo, por ejemplo, para efectuar una llamada tal día a tal hora.

▶ *El correo*

- Examine su correo de una sola vez.
- Clasifíquelo inmediatamente.
- Escriba, inmediatamente, la respuesta que tenga que dar por escrito o por teléfono. Deje la contestación para más tarde.
- Tenga preparadas, en su programa de tratamiento de textos, unas respuestas tipo.

▶ *Problemas muy urgentes o críticos*

- Deben ser tratados o delegados inmediatamente.
- Tenga a sus interlocutores informados de la gestión que emprende; ello evitará que le telefoneen en un período de tiempo que puede ser muy ajetreado.
- Informe extensamente a cualquier persona que pudiera enfrentarse al mismo problema de lo que hay que hacer al respecto; ello evitará llamadas y mensajes.
- Una vez concluido el problema, saque sus conclusiones e informe a todo el mundo.

▶ *La gestión de los informes*

Si usted no tiene tiempo de hacer lo que tenía previsto, se impone la reprogramación de las tareas. No se trata de informar, sistemáticamente, al día siguiente de las tareas no realizadas el día anterior, sino de redistribuirlas o anularlas en función de las prioridades.

El mes y los trabajos repetitivos

Dependiendo de la empresa y de sus normas contables, el fin de mes «oficial» puede variar entre el 25 y el 5 del mes siguiente. El fin de mes y los cierres de cuentas desencadenan una serie de trabajos para el jefe de producto:

– actualización de las estadísticas mensuales de ventas y emisión de un eventual cuadro de mando.
– análisis de ventas,
– comparación con las previsiones de ventas,
– establecimiento de unas nuevas previsiones de ventas,
– control presupuestario de los gastos de marketing,
– estados de los compromisos de gastos.

Estamos seguros de que usted encontrará en esta lista cosas que podrá delegar en su ayudante o personal en prácticas. Una buena organización le permitirá pasar cada fin de mes sin problemas, reservando el tiempo necesario para todas estas tareas y preparándolas a lo largo de todo el mes.

Hay otros trabajos que no son estrictamente mensuales, pero que vuelven a aparecer cada dos o cuatro meses con la misma regularidad; es el caso de los paneles de los distribuidores, de los paneles de consumidores y de los estudios sobre la publicidad de la competencia. La reserva de unas franjas horarias para tratar estos informes le sirve de garantía contra cualquier retraso.

El trabajo mensual, siguiendo el mismo esquema que el de la jornada, le ofrece una mina de información necesaria para establecer sus planes anuales, y le será útil disponer de una buena clasificación.

El año y los acontecimientos pesados

La función de planificación del jefe de producto adquiere toda su dimensión en el trabajo anual. Desde el mes de septiembre u octubre existe una efervescencia que alcanza a todos los servicios de marketing en relación a la preparación del presupuesto del año siguiente. Este ejercicio no debe considerarse como aislado, ya que la buena recogida de datos y de ideas a lo largo de todo el año permite una mayor rapidez.

La preparación del presupuesto empieza por un *latest estimate*, la última previsión para el año en curso, luego sigue con el balance del anterior plan de marketing, a continuación vienen las grandes líneas del nuevo plan de marketing, el aspecto presupuestario y las previsiones de ventas globales para el próximo año. Por último, las discusiones y comentarios a todos los niveles modifican los primeros datos. Todo se ratifica en los primeros días de diciembre. Para una buena gestión del tiempo es necesario prever cerca de tres horas diarias de trabajo durante este período.

Enero es el período del balance, ya no sobre la base de la estimación sino sobre los resultados reales. Se impone un análisis de las desviaciones, volviendo a cuestionar, si fuera necesario, los objetivos del año que acaba de empezar. Volver a examinar los compromisos en enero es mejor que tener un presupuesto un 25% por debajo de las previsiones reales.

De acuerdo con la estacionalidad de las ventas y al igual que para las presentaciones de moda, la revisión de marcas tiene lugar en el período de poca actividad que se acostumbra a producir un año antes de la temporada siguiente. Si el jefe de producto gestiona varias marcas, tendrá interés en espaciar sus revisiones de marcas en un mes.

Para las empresas que cierran sus cuentas en diciembre, junio es el período de los resultados financieros. A veces el jefe de producto se encarga de todo el informe anual, o de parte del mismo; de todos modos, lo que no puede hacer es formular una nota de perspectiva sobre las grandes líneas del desarrollo de sus productos o mercados, y proporcionar un listado de las personas a quienes desea hacer llegar este informe financiero (proveedores, agencias, servicios de marketing de los clientes).

Los actos importantes con fechas a concretar son:

– las convenciones de vendedores, revendedores o concesionarios,
– los salones para el gran público o los profesionales,
– las importantes reuniones internas,
– los seminarios de ventas,
– los viajes de estudios.

A veces estas citas se encuentran bajo la responsabilidad del jefe de producto. Son la culminación de largos proyectos, y para los participantes, la valoración de su proyecto depende de la calidad del aconteci-

miento. Debido a ello hemos asistido a una inflación de medios fastuo-
sos, cuestionados en las recientes deducciones presupuestarias. Estos
acontecimientos son difíciles de gestionar, y mucho más cuando, con
frecuencia, son relegados a la sede de la empresa.

El reparto del tiempo por proyectos

Este otro método de reparto de tiempo permite una contabilidad más
analítica del tiempo invertido en cada proyecto. Es práctico en términos
de atribución de recursos, se inspira en métodos practicados en los gabi-
netes norteamericanos de auditoría, en que todas las horas de un asala-
riado deben ser atribuidas a un cliente, incluso el tiempo de las reuniones internas. Esta necesidad de reparto se vuelve pronto una pesadilla
para el jefe de producto, pero la idea merece ser adaptada a ciertos períodos del ciclo de trabajo del jefe de producto, por ejemplo, para un proyecto de lanzamiento de producto.

He aquí dos repartos anuales de tiempo, para dos tipos jefe de producto.

	Jefe de producto de ofimática	Jefe de producto de gran consumo
Formación	10%	5%
Animación, reunión	30%	35%
Búsqueda de información	20%	10%
Reflexión, análisis, redacción...	40%	50%

10

La informática en el día a día

Son escasos los jefes de producto que no tienen un ordenador en su despacho. Las tareas que se realizan con ellos con mayor frecuencia son:

- búsqueda de información en la base central de datos de la empresa,
- cálculo y simulación en hoja de cálculo,
- edición de documentos (informes, presentaciones, cartas, compaginación),
- gestión de ficheros de direcciones e impresión personalizada.

El orden de esta secuencia no es fortuito, y corresponde a una lógica habitual: para nutrir una reflexión sobre las ventas de productos promocionados, el jefe de producto interroga a la base de datos contable a fin de conocer el estado de las ventas y de la cartera de pedidos. Esta cifra se incluye, a continuación, en un cuadro que compara las ventas del período precedente con las del período promocional para obtener una evolución. Este cuadro analítico será incluido en una presentación al equipo comercial, que además incluirá una reseña de las modalidades de la promoción y otras informaciones. Si el jefe de producto decide comunicar estos alentadores resultados a la distribución, creará un documento y, luego, a través de la base de datos, editará tantas cartas como distribuidores haya. No queda más que proceder al envío, muy ágil gracias al envío automático de telecopias a través de un módem.

Es posible que una parte de este trabajo sea delegada al servicio comercial o a personal externo, pero el jefe de producto le proporcionará una lista de nombres, un modelo de carta, un texto, gráficos...

Aparte de esta secuencia, hay otros trabajos que son efectuados más o menos regularmente por ordenador:

- análisis de panel (con la famosa *Nielsen Workstation*),
- previsión de ventas,

– correo electrónico,
– preguntas a los bancos de datos por módem (los datos son directamente utilizables a través del ordenador).

La búsqueda de información en el ordenador central de la empresa

La dificultad de esta clase de búsquedas varía según cuál sea la generación del ordenador que se utiliza y, sobre todo, según la calidad del programa de gestión. La «solicitud» puede realizarse por medio de un menú
desplegable o por medio de un lenguaje adecuado a la programación.
En cualquier caso, a usted le interesa conocer a fondo la base de datos de
la empresa y debe hacer que le explique su funcionamiento un informático. La información importante es el significado de los campos; por
ejemplo, ¿cuál es el significado exacto del campo «fecha 1»?: ¿la fecha
del pedido, la fecha de entrada, la fecha de entrega, la fecha de la factura? ¿Las cantidades vendidas en septiembre han sido contabilizadas del 1
al 31 de septiembre, o del 25 de agosto al 24 de septiembre?

Una vez que conozca usted el método de consulta, le será posible hacer toda clase de solicitudes con numerosas clasificaciones y agrupacio-
nes: las ventas de una gama concreta de productos realizadas a los almacenes García en determinadas provincias, o el *hit-parade* de los mejores
vendedores de una referencia concreta con la desviación típica de las
cantidades vendidas.

Una de las razones por las que usted debe tener aún más interés en conocer el sistema informático es que, con toda seguridad, sus acciones y
proyectos serán codificados. Por ejemplo, una promoción del 15 de marzo al 5 de abril para pedidos superiores a cinco cajas surtidas puede, de hecho, verse bloqueada por una incompatibilidad informática.

La inmensa ventaja de poder consultar la base de datos de la empresa
es la fiabilidad y la rapidez de la información. Ya no tendrá que esperar a
las estadísticas de fin de mes para anunciar en una reunión las últimas
tendencias de las ventas del nuevo producto.

Los desarrollos recientes de la relación entre cliente/servidor tienden a anular la necesidad de grandes centros informáticos y a compartir
mejor la información. Si este sistema se extiende como está previsto,
pronto tendrá usted un acceso aún más fácil a los datos de la empresa, y
sólo tendrá que pasarlos a las hojas de cálculo.

Cálculo y simulación en hojas de cálculo

La utilización de hojas de cálculo se ha generalizado en el caso de todas aquellas tareas en las que hay que realizar cálculos y simulaciones.

Los trabajos presupuestarios son un buen ejemplo de ello: en pocos segundos es posible realizar un nuevo presupuesto con una reducción del 10% en cada partida y repartido a lo largo del año. Este mismo trabajo puede requerir media jornada de trabajo si se realiza manualmente (con una calculadora).

Debe pensarse cuidadosamente en el diseño de las tablas antes de realizarlas: ¿qué forma han de tener? ¿Cuáles son las cifras revisables? ¿Cuáles son las zonas fijas?, etc. El tiempo «perdido» en el diseño de las tablas se recupera a partir de las primeras modificaciones.

Siempre hay que numerar las versiones del cuadro e indicar la fecha y la hora, además de poner claramente el nombre del fichero y su vía de acceso informático.

Las tres hojas de cálculo más difundidas son: Excel de Microsoft, Lotus 123 y Quattro de Borland. Insista en que quiere disponer de la última versión de estos programas, ya que siempre son las más fáciles de manipular.

Hay que tener en cuenta un nuevo programa, que sigue muy de cerca el trabajo del jefe de producto: la hoja de cálculo Improv editada por Lotus. Esta hoja de cálculo tiene las mismas funciones que el Lotus 123 y además posee una facilidad inigualable de modificación de los cuadros. Ganará usted mucho tiempo utilizando este programa, que además es totalmente compatible con las demás hojas de cálculo.

Edición de documentos

La edición de documentos se ocupa de los informes, presentaciones, cartas, plantillas y compaginación. Si su empresa no tiene una normativa referente a la utilización y disposición de cartas, notas, memorándums, informes, cartas informativas, impresos de pedidos, boletines para la fuerza de ventas y las presentaciones, le será a usted muy útil hacerlos utilizando todos o parte de los grafismos ya existentes.

Cada documento tiene una función precisa frente a un objetivo con un mensaje dado (carta, nota, memorándum, etc.). La ventaja de haber definido estos distintos documentos es la de facilitar su compaginación y clasificación, y que los interlocutores puedan visualizar mejor lo que usted quiere decir, ya que el continente explica una parte del contenido.

Los programas más utilizados en el campo de la edición de documentos son: Word de Microsoft, Amipro de Lotus y Wordperfect.

Para las presentaciones asistidas por ordenador (PreAO), los programas más utilizados son: PowerPoint de Microsoft, FreeLance de Lotus o Wordperfect Presentation.

Para la compaginación, los programas más utilizados son PageMaker de Aldus y Quark-Xpress.

La gestión de las bases de datos

Para el jefe de producto, la utilización de una base de datos se reduce a la gestión de los contactos. En la informática, todas las aplicaciones proceden de bases de datos programadas.

Según las empresas, un jefe de producto puede manejar entre 200 y 10.000 direcciones. Esta gestión se hace con un programa SGBD (Sistema de Gestión de Base de Datos, relacional o no). Los principios que presiden una buena gestión son, invariablemente:

- una estructura de fichero adaptada: los campos, sus nombres y relaciones deben ser adaptados para la utilización,
- una puesta al día regular,
- una depuración periódica de las devoluciones y un procedimiento de ayuda y de eliminación de direcciones utilizado por toda la empresa,
- la designación de un responsable de la base de datos y la realización de copias de seguridad permanentes,
- un seguimiento de las operaciones. Una persona del fichero no debe ser nuevo objetivo después de tres respuestas negativas (o más, según su tipo de actividad), y para saberlo es preciso hacer un seguimiento de las respuestas e incorporarlas en la base de datos.

Tengan bien presente que la gestión de la base de datos es un trabajo laborioso, que a veces exige unas cualificaciones distintas que las del jefe de producto. En ese caso, asegúrense de poder contar con la ayuda de un informático, y recuerden que la simple edición de unas etiquetas puede llevar casi media jornada de ajustes por sólo diez minutos de impresión.

No debe usted convertirse en el dueño de las direcciones en la empresa. Es preciso compartir la información, teniendo presente el difícil tema de la puesta al día o actualización. Si hay diez personas que utilizan su fichero de nombres y cada uno de ellos lo modifica a su manera, debe usted poner en marcha un procedimiento para que las informaciones esten siempre actualizadas.

Los programas más difundidos son: Access de Microsoft, DBase de Borland, FoxPro, Acefile.

Análisis de paneles y de encuestas

El programa de análisis más difundido es el de Nielsen, Inf*Act Workstation; permite el tratamiento de todos los datos del panel con rapidez, facilidad y flexibilidad. Este programa permite programar «series», el tratamiento y presentación automática de los datos, que ejecutan los cálculos y permiten que usted dedique toda su concentración al análisis.

Este programa resulta caro debido a sus costes de mantenimiento, pero optimiza una inversión mucho más elevada, la del abono al panel.

Inf*Act no reduce el tiempo de trabajo con el panel; el jefe de producto pasará la misma cantidad de tiempo en él, pero su análisis será mucho más ajustado. Inf*Act también ofrece:

– unas aplicaciones de marketing, del tipo análisis BCG de la cartera de productos,
– el tratamiento de datos internos de la empresa,
– un verdadero programa de grafismo,
– y muy pronto un programa de presentación.

El estudio publicitario Nielsen también puede explotarse a través de la informática, se aproxima al concepto *single source* además de contar con un *single treatment* para una misma base de datos.

Los programas de las encuestas (no específicos como el Inf*Act) son bastante poco utilizados por los jefes de producto; se usan más en los departamentos de estudios. Si el número de encuestas es importante (más de cinco al año) y si los presupuestos son muy apretados, es posible tratar uno mismo los cuestionarios (la parte de encuesta sobre el terreno se delega a una empresa junior, por ejemplo). En ese caso se necesita un programa de tratamiento de encuestas con un gestor clásico de base de datos. Sobre todo, no se aventure a fabricar uno. El coste de estos programas (entre 75.000 y 250.000 pesetas) de tratamiento de encuestas se amortiza rápidamente, pero le producirá una pesada carga de trabajo, para obtener un resultado que con frecuencia es inferior al que obtendría una empresa especializada en este tipo de estudios.

Los principales programas que se encuentran en el mercado son Athamas de Eole, Statlab, SPAD.N, Qualitative, Statistica de Statsoft, Statigrafics.

Previsiones de ventas

La importancia de la fiabilidad de las previsiones de ventas es evidente, ya que condicionan las compras de materias primas, las existencias de productos acabados y los planes de carga de maquinaria. La informática ha hecho grandes aportaciones en este campo al calcular las previsiones sobre la base de las ventas de los dos o tres años anteriores. El programa realiza una previsión mensual, que usted debe modificar en función de unos datos que el ordenador no conoce, por ejemplo, la ruptura de stock de producto en un período precedente o una promoción fuerte en un período futuro.

Los métodos de cálculo están basados en unos modelos estadísticos sofisticados (**recta de regresión**, etc.), y en el caso de productos de venta regulares, las propuestas del programa son fiables. Pero incluso aquí, el dicho *garbage in, garbage out* toma todo su significado; la exactitud de las previsiones depende de la calidad de las informaciones que usted proporciona al sistema de cálculo.

Este ejercicio se lleva a cabo referencia por referencia. La consolidación de todas las referencias (multiplicadas por los precios de venta) da una cifra de negocios prevista hasta el final del año fiscal y para los doce meses siguientes.

Los principales programas del mercado son Statigraphics, Crystall Ball...

Todas estas cifras son examinadas con una atención extrema por los diferentes departamentos de la empresa, y de ahí el interés que debe tener el jefe de producto en no equivocarse en las previsiones.

Mensajería electrónica

Las empresas utilizan, cada vez más, sistemas de comunicación que permiten una circulación rápida de la información con el menor coste posible. A veces estos sistemas pueden necesitar módem. El funcionamiento es sencillo: se trata de una red informática a la que se han conectado unos puestos fijos (ordenadores de oficina) y unos puestos itinerantes (ordenadores portátiles con módem).

En lugar de enviar un documento a su impresora, usted lo envía directamente a una lista de interlocutores que lo consultarán y que pueden imprimirlo y responderle. La información circula a tiempo real (salvo en el caso de los puestos itinerantes, que esperarán el momento de su conexión). Después de ordenar algunos parámetros, usted establecerá unas listas de destinatarios (grupos) que recibirán sus mensajes, permitiéndole ganar el tiempo de la duplicación y del envío.

En otro campo, existe el mismo procedimiento con el envío automático de faxes.

11

Otra herramienta para mejorar la productividad: la clasificación

La clasificación es una necesidad absoluta. No perderemos el tiempo en hablar de las catástrofes que entraña una mala clasificación para un jefe de producto, intentaremos, sencillamente, ayudarle a organizar la suya, a convertirla en agradable y hacer que el verbo buscar desaparezca del vocabulario en beneficio del verbo tomar, ya que, cuando uno sabe por anticipado el lugar donde se encuentran los objetos ya no los busca, sino que los toma directamente.

El interés de un método de clasificación, además de la seguridad de poder encontrar un documento en un plazo de tiempo razonable, reside en la posibilidad de delegar esa tarea en un ayudante, ya que ciertos trabajos precisan la búsqueda de documentos. La clasificación permite que todo el mundo pueda encontrarlos y acorte el trabajo a efectuar, sirve de base de datos y hace que usted sea menos indispensable. Y si, en el colmo de la organización, todos los jefes de producto de la empresa utilizan la misma clasificación, el trasvase de un producto a otro será mucho más fácil...

El jefe de producto recibe y envía unos cuantos kilos de papel a la semana, y las mensajerías electrónicas no resuelven, del todo, el problema. Al contrario, la informática crea una nueva necesidad de clasificación de los ficheros informáticos en el disco duro o en las cintas de seguridad.

Una de las primeras tareas a efectuar cuando se toma posesión de un cargo es una auditoría de la clasificación, para empaparse bien las normas, para eventualmente, constatar que no existen y si llega el caso, dedicarse a dictar unas. La regla o norma es independiente del tipo de mobiliario que se utiliza, el cual es una herencia que muy pocas veces se cuestiona.

Lo que hay que saber sobre la clasificación

Sólo existen tres clases de clasificación: nominativa (clasificación alfabética a través de un nombre), temática (clasificación a través de la idea o tema del documento) y cronológica.

La dificultad reside en la elección de criterio de clasificación (la regla propia de su clasificación). Este criterio tiene que responder con exactitud a las necesidades del jefe de producto.

Antes de decidir las normas de clasificación, hay que interesarse por el concepto de documento:

- número de consultas,
- vigencia,
- base de trabajo,
- evolución del número de documentos,
- necesidad de circulación, préstamo, copia,
- y, sobre todo, naturaleza del documento; correspondencia, expediente, fichas...

Por otra parte, el análisis de la circulación de los documentos decide también los materiales de clasificación.

- En clasificadores: numerosas consultas con puesta al día, sin retirar los documentos; es el caso de los *fact-book*, los clasificadores financieros, cuadros de mando.
- En expedientes: constituyen la mayor parte del volumen de la clasificación. La particularidad del trabajo del jefe de producto es la gran cantidad de expedientes activos al mismo tiempo y la rápida obsolescencia de estos mismos expedientes. Si no se tiene mucho cuidado, cada dos años habrá que comprar, por lo menos, un nuevo armario.
- En cajas de archivo: el archivo de documentos debe ser justificado por el interés potencial de una última consulta. El archivo de las campañas de publicidad de los últimos diez años tiene un verdadero interés. Por el contrario, el expediente de modificación del empaquetado de hace tres años y que ya ha sido modificado no presenta ningún interés real.

Las reglas de una buena clasificación

- *Unicidad*: cada documento tiene un lugar único, jamás hay que hacer fotocopias para clasificarlo en dos lugares distintos.

- *Destrucción*: cada expediente debe llevar, en lugar bien visible, una fecha de destrucción.
- *Ergonomía:* la clasificación, sin ser ni un placer ni un juego, debe, por lo menos, ser visual y agradable.
- *Sencillez*: de la facilidad para comprender su clasificación depende su mantenimiento. Cada persona ha de devolver a su lugar los expedientes consultados o de lo contrario no se le volverá a permitir que acceda a las informaciones.
- *Seguridad*: inscribir sobre cada documento sus datos de clasificación, en el mismo lugar y de acuerdo con su codificación, hace que no se pierda un documento importante. Ha de ser un acto reflejo que siga a la lectura de un documento. Hay que leer con «el bolígrafo en la mano». Por lo que concierne a los documentos confidenciales, han de ser guardados inmediatamente en un lugar que se cierre con llave.
- Limitar la clase de los continentes y, si es posible, hacer que el continente evoque, de algún modo, el contenido. Por ejemplo, una funda de cartón fuerte con un elástico puede corresponder a un expediente que viaja de reunión en reunión, como por ejemplo, un proyecto de mejora de la calidad. Las fundas de plástico translúcido son adecuadas para los expedientes temporales, evitan tener que escribir el título del expediente y, al contrario que las carpetas o fundas de papel, pueden volver a ser utilizadas sin problema alguno.
- Adoptar una estructura de expediente lo suficientemente homogénea. Por ejemplo, la correspondencia se encuentra al final del expediente, las notas e ideas al principio, luego vienen las presentaciones, la planificación, las revisiones...

▶ *Las ventajas de una buena clasificación*

Para usted: la consecuencia de todas estas acciones es la reducción del tiempo de búsqueda.

Para los demás: si usted desea que nadie pierda su documento, basta con pensar en la clasificación de sus interlocutores, mencionando claramente el nombre del proyecto sobre el que se informa, o incluir una línea que diga «clasificación». De esta forma usted practicará la identificación del documento desde su nacimiento.

Lo que no hay que hacer nunca: crear los expedientes «varios», «pendiente de clasificación», «para examinar o leer» y «para copiar antes de clasificar». Nunca hay que clasificar los documentos por el «emisor», ya que el mismo emisor puede tratar de temas diferentes y la constitución

de un expediente sobre un tema se convierte en un verdadero rompeca-
bezas (ya que el jefe de producto trabaja con una gran cantidad de interlocutores y sobre una gran cantidad de expedientes). Lanzarse a una
clasificación numérica (cada expediente tiene un número y el tema se
detalla en un cuaderno) sin estar seguro de tenerlo al día.

En fin, toda buena clasificación tienen que tener una especie de listín
o agenda que contenga, además de las reglas o normas de clasificación,
una lista de las categorías clasificadas y, si es preciso, un índice de las palabras clave.

Las secciones de la clasificación ideal

Les presento una propuesta que debería satisfacer a la mayoría de los
jefes de producto.

▶ *Carpetas colgantes*

1. Vida de la empresa, historia, informe financiero, razonamien-
   tos...
2. Competencia.
       En el interior de esta carpeta la clasificación puede ser alfabéti-
   ca. Es lo que parece más sencillo para encontrar rápidamente un
   expediente de un competidor. Cada expediente debe ser norma-
   lizado en cuanto a los documentos y sus sub-apartados, todos los
   competidores están colocados bajo el mismo distintivo y cada expediente ha de tener la misma información. Es la única forma
   de que ni una solicitud ni un competidor le cojan nunca desprevenido.
       Incluir un modelo de carta dirigida a la secretaría del registro
   mercantil para obtener los balances y cuentas de resultados (existen otros medios de solicitarlo, pero son más caros y hay que
   mandar un cheque por correo).
3. Cuadro de mando.
4. Estrategia, plan de marketing, presupuesto, previsiones de ventas.
5. Estudios cuantitativos y cualitativos, panel...
6. Ficheros de direcciones.
7. Tarifas, precios, política comercial, descuentos.
8. Fotos.
9. Organización.
10. Comunicación.

11. Proveedor.
12. Folleto y catálogo de la empresa.
13. Revista, periódicos y revistas profesionales.
14. Distribución.

▶ *Clasificadores*

1. Un *fact-book* por marca o producto gestionado.
2. Un clasificador financiero para toda la actividad.
3. Un clasificador de presupuestos para todos los proveedores.
4. Un listín telefónico: uno para llevar encima y otro para la oficina.
5. Un clasificador de «crono» para clasificar cronológicamente todos los documentos que salen del departamento. Es una buena herramienta a pesar de que se necesita una fotocopia suplementaria, ya que es un buen indicador de la actividad del departamento y puede solucionar la pérdida de un documento en un expediente. Este clasificador no debe ser nunca personal del jefe de producto, sino que es el cronológico de su departamento. Hay que resistirse a la tentación de llevar un «crono» de las entradas, ya que cada documento entra en un expediente y no es cosa de reemplazar una papelera por un clasificador. Aquello que no tenga lugar en su clasificación no debe ser conservado.

▶ *Varios*

1. Cajas de archivo, para las diferentes clases de archivos (legal, documentación, para ser destruidos con su fecha de destrucción claramente indicada).
2. Portafirmas, para los documentos que hay que firmar.
3. Carpeta de 31 días, para incluir todos los expedientes que hay que abrir cada día.

CUARTA PARTE

EL JEFE DE PRODUCTO Y EL MARKETING EN LA EMPRESA

12

La gestión previsional de la carrera

La contratación y las entrevistas

¿Cuál es la mejor manera de entrar en la función de marketing? La respuesta es tan sencilla como la pregunta: debutando en la función de marketing.

No se trata aquí de decir que el marketing es un universo cerrado donde sólo se admite a los jóvenes diplomados. Este universo, afortunadamente, acepta también a personas procedentes de horizontes diferentes: comercial, médico o técnico.

Se trata sencillamente de recordar que la mayoría de jefes de producto actuales han iniciado sus carreras como ayudantes de marketing o ayudantes de jefe de producto (algunos sobre el terreno, pero con la categoría de ayudante de marketing). La función de marketing ha ido organizando, cada vez más, unas pasarelas transversales con las demás funciones de la empresa.

De una forma casi automática, los jefes de producto son seleccionados de la cantera que forman los ayudantes de los jefes de producto. Los puestos de jefes de producto son escasos y muy buscados, y la competencia es aún más dura cuando se trata de promocionar dentro de un organigrama piramidal.

▶ *Selección*

Cada año aparecen en la prensa una gran cantidad de anuncios de ofertas de empleo para puestos de marketing. Se trata sólo de una parte de los puestos contratados, pues un cierto número de ellos no pasa por los anuncios.

– Jefe de producto   48%

    – Responsable de marketing   30%
    – Encargado de estudios   10%
    – Promoción de ventas   12%

Las vías que conducen a una entrevista de selección de empleo son numerosas.

- Empresa de selección

    De una manera general, el 45% de los anuncios de marketing pasan por una empresa de selección. Son poco utilizadas para la contratación de ayudantes de marketing, ya que su coste es demasiado alto para esta clase de puesto de trabajo.

- Anuncio en prensa

    El 55% de los anuncios de marketing los pasan las empresas, directamente. Para el candidato la ventaja reside en que está en contacto directo con la empresa. La dificultad reside en estar perfecta e inmediatamente al corriente de las actividades de la empresa.

- Candidatura espontánea

    Proporciona unos resultados muy pobres y exige un gran esfuerzo, ya que una candidatura debe ser dirigida nominalmente y estar motivada. Enviar una candidatura espontánea supone conocer el organigrama y los mercados de la empresa.

- Prácticas

    Todas las empresas, sin excepción, proponen prácticas durante el verano o, cada vez más, a lo largo de todo el año. Esta fórmula presenta ventajas para el candidato, que de esta forma puede darse cuenta, mejor, de las condiciones de trabajo, y para la empresa que puede evaluar mejor al futuro colaborador.

- A través de contactos personales

    Es un método rápido para establecer relaciones con los ejecutivos de marketing. Exige mucho rigor y esfuerzo. Rigor para contactar con todas las personas del mundo de trabajo que usted conozca (empezando conferenciantes sobre marketing), para pedirles consejo sobre la carrera que piensa emprender dentro del marketing y pedirles nombres de personas con las que se pueda entrevistar de su parte, para obtener los mismos consejos. A cambio de estas informaciones, hay que darles cuenta de la marcha de su proyecto. A base de encontrarse con personas que puedan darle consejos, habrá una que le pondrá sobre una verdadera pista: un puesto de trabajo que hay que ocupar.

    Si al principio de su búsqueda conoce usted a una docena de personas, al final se encontrará con que tiene en la mente una enorme lista de direcciones. Hay que ser rigurosos en la utilización de todos esos contactos.

Este método laborioso presenta tres enormes ventajas:

– mejora sus conocimientos del mundo de la empresa,
– podrá apreciar sus posibilidades en la carrera de marketing,
– podrá tener conocimiento, anticipadamente, de un puesto de trabajo que está por ocupar, lo que representa una ventaja determinante en relación con los que esperan que se produzca una oferta para responder a la misma.

▶ *Las entrevistas con el personal de la empresa*

• La entrevista con un responsable de personal

El responsable de personal, o el responsable de la selección en el caso de las empresas grandes, reciben a los candidatos. Estas personas conocen las definiciones de las funciones de los puestos a ocupar, pero no poseen las respuestas a las preguntas concretas sobre las tareas del futuro contratado.

Algunas reglas para tener éxito en la entrevista con un responsable de personal son...

– Haga sólo preguntas generales sobre la empresa.
– Muestre las razones por las que el marketing le atrae de forma general.
– Muestre que posee usted un potencial de evolución hacia otros puestos de trabajo.

• La entrevista con un responsable de marketing

Para la selección de un ayudante de jefe de producto, es el jefe de producto o el jefe de grupo el que recibe a los candidatos. La dificultad en la selección de alguien sin experiencia reside en la imposibilidad de pedirle ejemplos de acciones o unas pruebas del éxito alcanzado. Es obligado limitarse a una evaluación general del potencial para convertirse en un buen jefe de producto. Por este motivo la práctica es un buen medio para que se aseguren de sus capacidades de trabajo.

Si usted no empieza a través de una práctica en la empresa, habrá que preparar cuidadosamente la entrevista con el jefe de grupo. Este no le perdonará a un futuro ayudante de jefe de producto la ausencia de un *store-check* sobre el producto, y mucho menos si tiene la posibilidad de promocionar a una persona en prácticas que ya está allí.

He aquí algunas reglas para tener éxito en una entrevista con un responsable de marketing...

- Haga preguntas concretas sobre las marcas, los mercados, la competencia.
- Demuestre que usted ya conoce el mercado, aunque sea de forma general.
- Demuestre que también conoce la distribución de los productos.
- Demuestre interés por el éxito de la empresa.

Sea lo más concreto posible al inicio de la entrevista. Usted debe aportar los detalles sobre los temas que conozca bien, y luego su interlocutor ya hará preguntas de orden general. En el caso contrario, si empieza usted con grandes reflexiones su interlocutor realizará unas preguntas concretas a las que puede que usted no sepa responder. Para evitar que se vislumbren sus puntos débiles, comience por aquellos detalles técnicos que domine más.

Otra observación de índole general: las personas que seleccionan un colaborador se angustian por los posibles errores de valoración en que puedan incurrir. Contratar a un mal ayudante es un elemento negativo en la carrera de un directivo de marketing. Es imprescindible que proporcione usted seguridad a su interlocutor, sea lo más profesional posible, incluso corriendo el riesgo de parecer austero. Tendrá usted todo el tiempo del mundo para mostrar su simpatía cuando esté en la empresa.

La carrera ideal

Entrar en el marketing no lo es todo, es preciso progresar. Un plan de carrera se construye a base de experiencias, de éxitos y de fracasos. Con frecuencia la formación que uno recibe es el índice de la evolución de la carrera a corto plazo. Una empresa que paga una formación sobre negociación a un jefe de producto, es seguro que tiene la idea de hacerle evolucionar hacia la venta.

▶ *La evolución ideal*

Puesto	Por descubrir	Duración mínima	Duración máxima
Ayudante de jefe de producto	Las cualidades esenciales para el marketing	3 meses	1 año
Vendedor	Las dificultades cotidianas de la fuerza de ventas	4 meses	1 año
Jefe de producto junior	La aplicación de los principios de marketing	1 año y medio	2 años y medio
Jefe de producto senior	El lanzamiento de un producto importante	6 meses	2 años
Jefe de producto senior con un ayudante de jefe de producto	La formación	1 año	3 años
Jefe de grupo	La delegación y la motivación	2 años	4 años y medio
Responsable de las cuentas clave o de grandes cuentas	La negociación con la clientela	2 años	3 años
Jefe regional de ventas	La gestión de un equipo de ventas	1 año y medio	3 años
Responsable de marketing	La sinergia marketing-comercial	1 año y medio	4 años
Responsable de marketing comercial	La visión global de la empresa	3 años	6 años
Total para convertirse en responsable de marketing comercial		11 años	24 años

Es muy poco probable que la misma persona ocupe todos los puestos durante el tiempo máximo. El total de 24 años para convertirse en responsable del marketing comercial es bastante improbable; la cifra se proporciona para calcular una media entre 11 y 24 años.

Las promociones jamás son el resultado de la antigüedad. Las promociones se proponen a aquellos que han mostrado mejor no sólo su profesionalidad sino también su capacidad para evolucionar. Las cualidades, las habilidades no son las mismas para un puesto que para otro. Y puede que un buen jefe de producto resulte ser un mal jefe de grupo, al no querer delegar nada, queriendo controlarlo todo, sin visión a largo plazo de su grupo de productos.

Las duraciones mínimas y máximas que se dan no tienen en cuenta el sector de actividad, ni el interés de las marcas. Por ejemplo, al nivel de jefe de grupo, un cambio de mercado, un lanzamiento muy importante o el pase a una filial extranjera son hechos que pueden hacer prolongar la duración del puesto a 6 años. No existe una regla general que no sea la de no enfadarse y aprender siempre.

Este recorrido debe realizarse por lo menos en tres empresas diferentes, para integrar diferentes culturas y diferentes mercados. Los cambios de empresas no deben realizarse al mismo tiempo que las reorientaciones de carrera, so pena de encontrarse con dificultades insuperables para arrancar en una nueva función en un mercado desconocido.

▶ *La formación profesional del jefe de producto*

1. La formación en la empresa
   • Cursillo de ventas de tres a doce meses
     Desde su llegada el jefe de producto sigue un cursillo de ventas, que a veces se considera laborioso. De una duración más o menos larga, la estancia en el terreno se ha convertido en obligatoria.
   • Formación informática
     Es frecuente que los departamentos informáticos se ocupen de organizar los cursos de informática. Sea cual sea su nivel, pueden tratar sobre dos partes de la informática: los programas específicos y las consultas a la base de datos central de la empresa. Los cursillos sólo tienen una fuerza y alcance reales si el jefe de producto utiliza los conocimientos adquiridos por lo menos una vez al mes. En caso contrario, las diferentes modalidades de cada programa se olvidan.
     Es importante formarse uno mismo en la informática y no contentarse con teclas y funciones que uno tiene costumbre de utilizar. Sumérjase en el manual, o mejor aún en el programa de autoformación; y sobre todo, practique.
2. Las empresas de formación
   • Idiomas
     Un profesor en la empresa, mantenimiento por teléfono, cursillos de inmersión completa... Hay toda una gama de fórmulas para practicar y mantener el dominio de una lengua extranjera.
   • Estrategia de empresa
     Después de cinco años de antigüedad, será provechoso tener una formación, de por lo menos una semana, sobre las estrategias de las empresas. Hay numerosos centros de formación que

proponen esta clase de programas: ESIC, IESE, Instituto de Empresa, ESADE, IDEC.

• Dirección de empresas

Después de diez años de antigüedad es posible seguir una formación sobre la gestión general de una empresa. IESE, ESADE, Instituto de Empresa.

3. On line

La formación del jefe de producto está, en principio, asegurada por la empresa, pero en caso contrario no hay que dudar en ocuparse uno mismo de este asunto.

Un método de formación interesante es la formación *on line*, es decir, formarse al mismo tiempo que se trabaja, o incluso la autoformación (se aprende mientras se actúa). Esta formación tiene varias ventajas:

– se trabaja mejor, ya que la reflexión está siempre presente,
– no se ausenta uno del lugar de trabajo,
– permite proporcionar el ejemplo del trabajo bien hecho y sobre el que se ha reflexionado a fondo.

El inconveniente es una impresión de lentitud del jefe de producto, de cara al exterior.

El método de *on-job training*, es decir, de aprender haciendo el trabajo, queda ilustrado por los ejemplos siguientes: la parte financiera de los expedientes de la competencia puede ser delegada, en cuyo caso el jefe de producto se limita a unir los resultados al expediente; o bien puede realizarlo el propio jefe de producto. En el caso de esta segunda solución se produce una cierta pérdida de tiempo, pero el jefe de producto mantendrá sus conocimientos financieros a un buen nivel. Estos conocimientos también pueden permitirle saltar la barrera del diálogo con sus colegas financieros.

De igual modo, una parte de los conocimientos técnicos son aportados por los proveedores del departamento de marketing. Una visita al taller de serigrafía ocupa tiempo pero le servirá para aprender los «trucos» de la profesión, que un día pueden evitarle ciertos pequeños errores y puede ser ahí donde haya que buscar la forma de ganar tiempo. De visita en visita, adquirirá usted un verdadero conocimiento de las artes gráficas.

En los campos más técnicos como las encuestas cualitativas, el tiempo invertido puede hasta triplicarse, dependiendo de si se limita usted a dar un resumen o bien invierte en la metodología de la encuesta con la realización de entrevistas. A fin de cuentas, la segunda solución le proporciona unas bases serias para poder enfocar mejor su futuro estudio de mercado.

Las características básicas del jefe de producto, los puntos clave para evolucionar

Se trata de cualidades que pueden desarrollarse, pero que es mejor poseer desde el inicio de su función.

- Las cualidades indispensables:
  - Sensatez.
  - Curiosidad.
  - Liderazgo, carisma, posibilidad de movilizar personas para un proyecto.
  - Potencia de razonamiento, sentido común.
  - Empatía, comprensión del consumidor, del cliente y de los colaboradores internos.
- Sería mejor que poseyera usted:
  - Buena capacidad para el análisis estadístico, gusto por la informática y las cifras en general.
  - Facilidad de elocución oral.
  - Dominio de idiomas (especialmente inglés).
  - Capacidad de venta de ideas, gusto por la comunicación y la persuasión, capacidad pedagógica para explicar bien aquello que hay que hacer.
  - Informática PAO y PreAO.
  - Buen gusto artístico.
- Lo ideal:
  - Perseverancia para los proyectos de larga duración.
  - Sentido de la responsabilidad.
  - Sentido práctico.
- Comportamiento que es preferible evitar:
  - El egocentrismo que acecha al jefe de producto que presta más atención a sus gustos personales que a los de su mercado. Al inicio de la carrera se trata del problema de la identificación del consumidor consigo mismo. Al fin de la carrera, se cree que es posible influir en el mercado a través de la propia personalidad.
  - Falta de respeto hacia el producto o el consumidor.
  - Anticipar demasiado las evoluciones del comportamiento y ofrecer productos antes de lo adecuado.
  - Perder de vista la personalidad y el territorio de marca de su producto.

Formación académica, el saber necesario

La función de marketing en general es una función con un exceso de titulación y en la que los autodidactas son aún más escasos que en el campo de la venta. La mayoría de jefes de producto proceden de escuelas superiores de negocios.

Ciertos puestos especiales de jefes de producto necesitan una doble formación: escuela de ingeniería o de medicina, seguida de una formación en marketing. De un modo general, la norma es que el jefe de producto debe tener, por lo menos, la misma formación que los clientes de la empresa. De hecho no hay nada mejor para entenderse que proceder de una escuela común. Por ello muchos jefes de producto de la industria farmacéutica poseen titulación como médicos o farmacéuticos.

En cambio, el conocimiento del nivel técnico de los productos tiene menos importancia. Un jefe de producto de electrónica puede proceder de una escuela de comercio si trabaja en la división de gran público.

13

Organigramas y estructura de empresa

Vamos a tratar, sucesivamente, del lugar del marketing en la empresa y de la propia organización del marketing.

El marketing en la empresa

Organigrama de fase 1

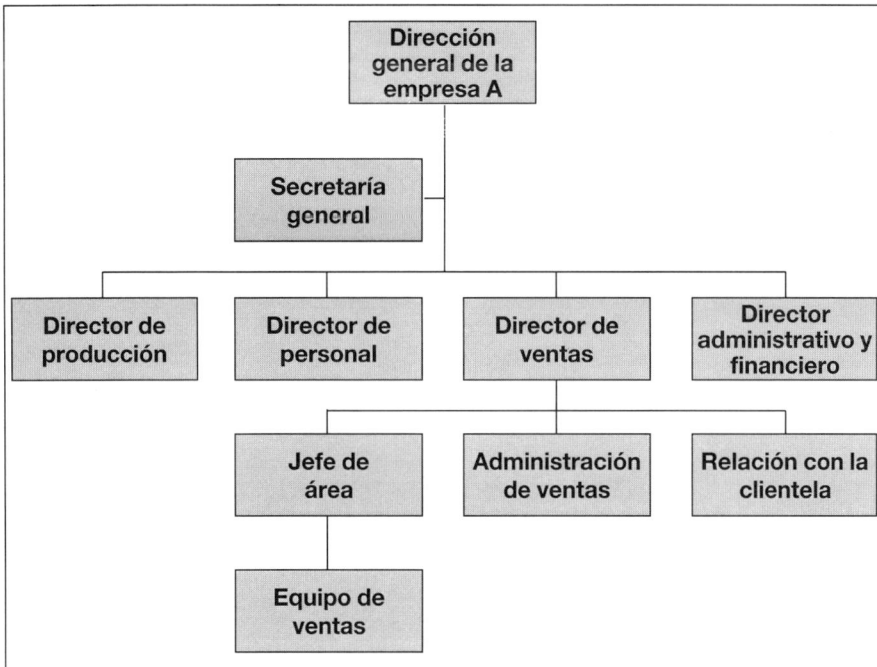

```
                    ┌──────────────────┐
                    │    Dirección     │
                    │  general de la   │
                    │    empresa A     │
                    └──────────────────┘

         ┌──────────────────┐
         │   Secretaría      │
         │    general        │
         └──────────────────┘

┌──────────────┐ ┌──────────────┐ ┌──────────────┐ ┌──────────────────┐
│ Director de  │ │ Director de  │ │ Director de  │ │   Director       │
│ producción   │ │ personal     │ │ ventas       │ │ administrativo y │
│              │ │              │ │              │ │   financiero     │
└──────────────┘ └──────────────┘ └──────────────┘ └──────────────────┘

                 ┌──────────────┐ ┌──────────────┐ ┌──────────────┐
                 │  Jefe de     │ │ Administración│ │ Relación con la│
                 │   área       │ │  de ventas    │ │  clientela    │
                 └──────────────┘ └──────────────┘ └──────────────┘

                 ┌──────────────┐
                 │ Equipo de    │
                 │  ventas      │
                 └──────────────┘
```

En la fase 1, el marketing o la publicidad no aparecen. El secretario general y el director de ventas cuidan de las diferentes acciones de publicidad o de estrategia. El tipo de empresa de la fase 1 es la PYME de menos de 50 trabajadores, que trabaja para grandes industriales en régimen de subcontratación.

Organigrama de fase 2

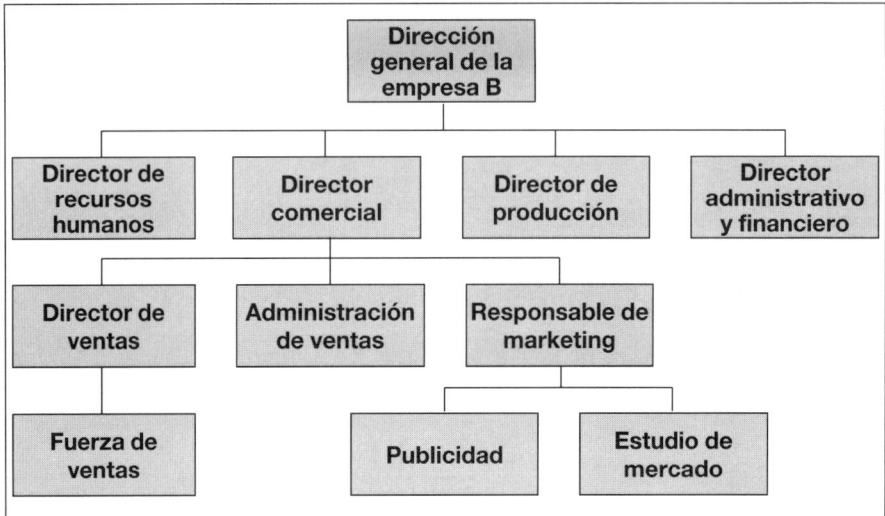

```
                    ┌─────────────────────┐
                    │     Dirección       │
                    │  general de la      │
                    │     empresa B       │
                    └─────────────────────┘
   ┌───────────────┬──────────────┬──────────────┬──────────────┐
┌──────────┐  ┌──────────┐  ┌──────────┐  ┌──────────────┐
│Director de│  │ Director │  │Director de│  │  Director    │
│ recursos │  │ comercial│  │producción │  │administrativo│
│ humanos  │  │          │  │          │  │ y financiero │
└──────────┘  └──────────┘  └──────────┘  └──────────────┘
```

Director de ventas	Administración de ventas	Responsable de marketing

Fuerza de ventas	Publicidad	Estudio de mercado

En la fase 2, hace su aparición el marketing. Queda bajo la responsabilidad del director comercial, y por lo tanto se trata de un marketing sobre todo operativo, una conexión entre ventas y producción. Las empresas de la fase 2 operan en mercados estables, con muy poco valor añadido o con pocos competidores.

Organigrama de fase 3

```
                    ┌─────────────────────┐
                    │     Dirección       │
                    │  general de la      │
                    │     empresa C       │
                    └─────────────────────┘
```

Director de recursos humanos	Director de marketing	Director de producción	Director comercial	Director administrativo y financiero

Gestión de productos	Publicidad	Estudios	Dirección regional	Responsabilidad de grandes cuentas	Administración de ventas

Fuerza de ventas

En la fase 3, el marketing llega a la altura del director comercial, prueba de independencia y progreso. La venta está organizada geográficamente, y el marketing por temas (los estudios, los productos, la publicidad). La mayor parte de empresas permanecen en esta fase 3.

Organigrama de fase 4

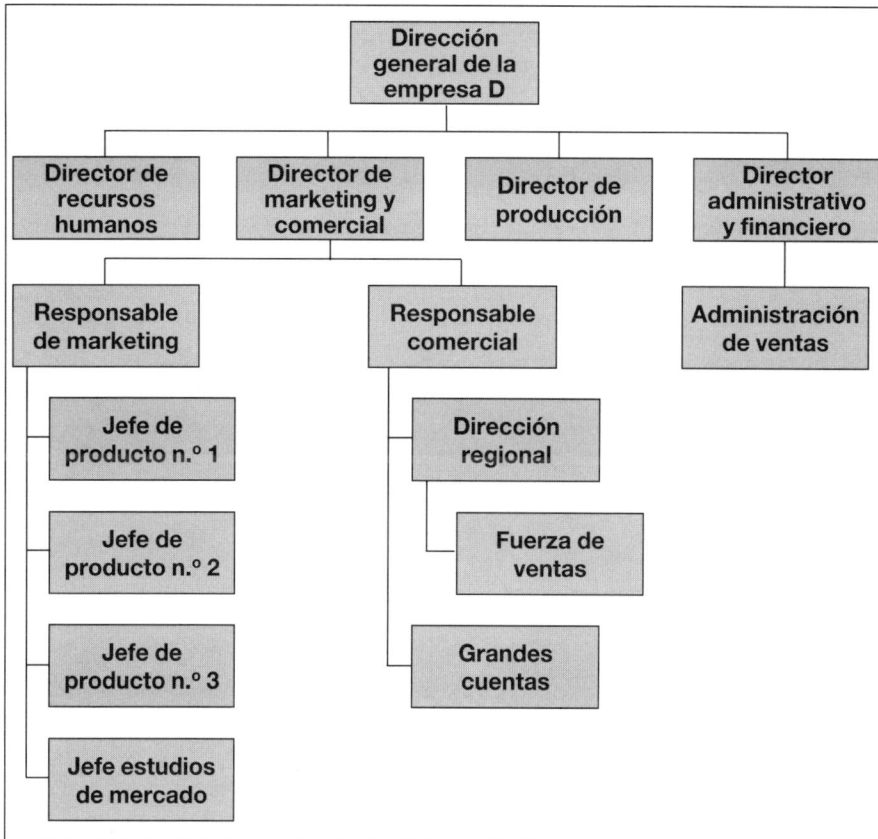

```
                    ┌──────────────────┐
                    │    Dirección     │
                    │  general de la   │
                    │    empresa D     │
                    └──────────────────┘
   ┌──────────────┬──────────┴──────────┬──────────────────┐
┌──────────┐ ┌──────────────┐ ┌──────────────┐ ┌────────────────┐
│Director de│ │  Director de │ │  Director de │ │    Director     │
│ recursos  │ │ marketing y  │ │  producción  │ │ administrativo  │
│ humanos   │ │  comercial   │ │              │ │  y financiero   │
└──────────┘ └──────────────┘ └──────────────┘ └────────────────┘
┌──────────────┐      ┌──────────────┐      ┌────────────────┐
│ Responsable  │      │ Responsable  │      │ Administración │
│ de marketing │      │  comercial   │      │   de ventas    │
└──────────────┘      └──────────────┘      └────────────────┘
  ┌────────────┐        ┌────────────┐
  │  Jefe de   │        │ Dirección  │
  │producto n.º 1│      │  regional  │
  └────────────┘        └────────────┘
  ┌────────────┐            ┌────────────┐
  │  Jefe de   │            │  Fuerza de │
  │producto n.º 2│          │   ventas   │
  └────────────┘            └────────────┘
  ┌────────────┐        ┌────────────┐
  │  Jefe de   │        │  Grandes   │
  │producto n.º 3│      │  cuentas   │
  └────────────┘        └────────────┘
  ┌────────────┐
  │Jefe estudios│
  │ de mercado │
  └────────────┘
```

La fase 4 presencia la integración del comercial al marketing bajo la égida de un director de marketing-comercial. La venta sigue siendo geográfica pero el marketing integra una estructura por producto. Esta fase es una transición hacia la fase 5.

La fase 5 toma en consideración la especificidad de cada mercado y adopta una estructura matricial entre los jefes de mercado y los jefes de ventas. Esta estructura, bastante difícil de gestionar, es la más cercana a la filosofía de marketing, o sea, que el mercado es el rey. Esta estructura se adapta bien a una organización internacional.

Organigrama de fase 5

```
                        ┌─────────────────┐
                        │    Dirección    │
                        │  general de la  │
                        │    empresa E    │
                        └─────────────────┘
```

| Director de recursos humanos | Director de marketing y comercial | Director de producción | Director administrativo y financiero |

- Director de marketing
- Director comercial
- Administración de ventas

- Jefe de mercado 1
- Jefe de ventas mercado 1
- Ventas mercado 1

Jefe de producto 1
Jefe de publicidad 1
Encargado de estudios 1
Control de gestión 1

Fuerza de ventas mercado 1

Ventas mercado 2

- Jefe de mercado 2
- Jefe de ventas de mercado 2

Jefe de producto 2
Jefe de publicidad 2
Encargado de estudios 2
Control de gestión 2

Fuerza de ventas mercado 2

Cambiar de función

Al jefe de producto que desea cambiar de función, o evolucionar hacia una profesión cercana en términos de competencias, se le ofrecen varias soluciones:

- acudir a otra clase de función de marketing: los estudios, la comunicación, ser responsable del plan de medios;
- hacia la conexión marketing-comercial: el *trade-marketing,* el *merchandising;*

- hacia lo comercial: responsable de ventas, jefe de ventas, director regional, responsable de las cuentas clave;
- hacia una función en una agencia de comunicación: director de clientes o jefe de publicidad;
- hacia la responsabilidad de un centro de beneficio.

La función de jefe de producto presenta y abre el camino hacia numerosas oportunidades de carrera.

14

Los jefes de productos especiales

No todos los jefes de producto se parecen. Dependiendo del sector están más o menos orientados: hacia la comunicación, el desarrollo o bien, completamente enfocados a los productos. Las diferencias proceden de la clase de empresa en la que trabajen.

Para describir adecuadamente la función de cada jefe de producto en los diferentes campos, sería necesario un segundo, o incluso, un tercer volumen de esta obra. Por lo tanto, no trataremos más que los puntos principales y las grandes diferencias entre los sectores de servicios, la industria, la farmacia y la informática.

El jefe de producto de las empresas de servicios

En el caso de las empresas de servicios, el producto no es físico, y por lo tanto no se almacena. El factor humano es preponderante en el servicio, pero la formación, la contratación, la gestión de los asalariados no es manejada por el marketing. El producto, en este caso el servicio, no está totalmente supervisado por el jefe de producto, ya que le falta el componente humano.

▶ *El jefe de producto en los seguros*

El jefe de producto en los seguros recibe el nombre de jefe de mercado. Existe un jefe de producto pero su papel es el de un actuario o de un estadístico, que gestiona el montaje financiero de los productos, que calcula las relaciones de los siniestros con las primas. El jefe de mercado es el encargado del posicionamiento y del lanzamiento de productos de cara a un cierto público (particulares, profesiones liberales o empresas).

Los aseguradores funcionan por medio de un sistema de agentes de seguros (o de agentes generales) encargados de comercializar los servicios, mientras que el asegurador se hace cargo de los riesgos financieros. El jefe de mercado, según se encuentre del lado del agente o del asegurador, tiene un papel diferente. Cada vez son más los aseguradores que se encargan directamente de una parte de la comercialización de sus productos.

El jefe de mercado intenta cubrir todas las necesidades de la clientela objetivo. Estudia todas sus expectativas y reúne los servicios de seguros que pueden interesarle.

Una parte cada vez mayor del presupuesto de marketing se reserva a la comunicación directa por correo, teléfono... La llegada de la venta de seguros por correspondencia acentúa este fenómeno.

▶ *Jefe de producto en la banca*

De igual forma que en los seguros, el jefe de producto en la banca es un financiero puro. La función de jefe de mercado se corresponde con el marketing de los servicios bancarios.

Como en el caso de los seguros, el jefe de mercado organiza los paquetes de productos, lo que aumenta la fidelidad de los clientes al aumentar su dependencia de los mismos.

Cada vez hay más bancos que se estructuran de una manera diferente. Se trata principalmente de bancos fuertemente orientados hacia la satisfacción de la clientela, lo que proporciona a la función de jefe de producto un significado totalmente diferente. Por ejemplo, en el caso del jefe de producto de un PAV (Plan Ahorro Vivienda), tiene bajo su dirección a un equipo de personas que gestionan los aspectos técnicos, de marketing, comunicación, y desarrollos. Estos equipos, bajo la dirección del jefe de producto, están considerados como centros de beneficios independientes, que deben aportar su contribución al funcionamiento general del banco.

▶ *Jefe de producto de un gran distribuidor*

El jefe de producto de un gran distribuidor trabaja para una central de almacenes o tiendas. De hecho, se trata de un comprador especializado en un tipo de producto o más bien en un segmento del mercado.

Su trabajo consiste en:

- hacer un listado exhaustivo de los fabricantes de su departamento (incluso, y sobre todo, del extranjero);
- establecer una selección de los criterios objetivos propios de la marca;
- negociar un cierto número de puntos (no solamente el precio, sino también los plazos de entrega, garantías, posibilidad de reposición de mercancía, publicidad compartida, aspectos logísticos...);
- constituir una gama coherente en términos de precios, de posicionamiento;
- organizar el *merchandising* de esta gama o de todo el departamento (entre otras, proponer a cada clase de tienda un **surtido** más o menos extenso);
- en ciertos casos el jefe de producto gestiona las MDD (marcas de los distribuidores) o la marca de la empresa.

El jefe de producto en la industria

El jefe de producto en la industria trabaja en un mercado entre profesionales. Es decir, su empresa funciona en sub-contratación con otras industrias. El número de clientes y de usuarios de su producto es poco numeroso, y los conoce a casi todos. Está especializado en una clase de productos concretos o en una tecnología.

El jefe de producto de la industria tiene, ciertamente, el trabajo más completo, pero los presupuestos más pequeños. Si un jefe de producto de gran consumo gestiona, por término medio, unos presupuestos de comunicación de 500 millones de ptas, su homólogo en la industria se contenta con diez veces menos. El público objetivo a alcanzar no es el mismo pero lo que está en juego es, a veces, igual de importante.

El jefe de producto de la industria está con frecuencia en la fábrica o en la oficina de sus clientes. Su papel puede ser parecido al del comercial. Está en contacto directo con los clientes, que con frecuencia son los usuarios, y con el departamento de investigación o de planificación de la producción. Con frecuencia su campo de acción es internacional, ya que los clientes tienen las mismas necesidades en toda Europa.

Un caso frecuente es el de destinar un jefe de producto industrial a la fábrica donde se fabrican sus productos y dejarle gestionar los vendedores. Responde directamente a sus preguntas y puede estar implicado en el proceso de venta.

Jefe de producto farmacéutico

Esta clase de jefe de producto, con formación médica, opera en un sector muy reglamentado. No es libre de llevar a cabo el *marketing* de sus productos a su gusto. Trabaja para un laboratorio farmacéutico, y el circuito de distribución es, obligatoriamente, la farmacia.

El lanzamiento de un nuevo medicamento es complejo. Varias fases que pueden durar años, preceden a la autorización de entrada en el mercado.

Un equipo de visitadores médicos explica a cada médico el interés de los nuevos medicamentos. El jefe de producto proporciona a los visitadores médicos los mejores instrumentos de venta (muestras, fichas del producto, maletín de presentación...).

El jefe de producto puede participar en la elaboración del nombre y del envase, en colaboración con una agencia de investigación y un estudio de diseño. El jefe de producto es responsable de la ficha técnica normalizada que acompaña al medicamento, así como de la aparición de la misma en los anuarios profesionales. El precio de los medicamentos de prescipción reembolsados por la Seguridad Social está regulado por los organismos gubernamentales.

Para el resto (parafarmacia), los procesos de marketing son similares a los de los productos de higiene-belleza. Una parte importante se promociona por medio de la PPV, pequeños carteles...

En todos los casos, el jefe de producto es responsable de la gestión de la gama de medicamentos; establece las previsiones de ventas, controla los presupuestos y la rentabilidad de su marca. La distribución de medicamentos queda asegurada por unos mayoristas que hacen entregas, varias veces al día, a todas las farmacias. Se trata de intermediarios poderosos a veces con una cifra de negocio tan importante como un laboratorio farmacéutico.

El jefe de producto en la informática

El jefe de producto en los mercados informáticos (tanto si se ocupa de programas como de ordenadores) es más bien una conexión producción-investigación-mercado que un director general del producto. Su papel está sobre todo enfocado al nivel del producto, y deja la política de distribución completamente en manos de los comerciales y la promoción y publicidad a los servicios de comunicación.

Una parte importante de su trabajo es la comparación de su gama de productos con las gamas equivalentes de la competencia. Esta comparación ha tomado el nombre de *benchmark*; hacer un *benchmark* consiste en comparar todas las funcionalidades de su producto con las de uno o varios competidores.

La gestión del producto vuelve también al jefe de producto, que debe gestionar los componentes y organizar el montaje en el último momento, ya que la diversidad de la demanda es grande. La informática es un sector en que la innovación es un factor de crecimiento; el jefe de producto lanza una novedad cada tres meses. A pesar de ello, es preciso conservar una gama coherente en precio y en importancia.

Jefe de «nuevos productos»

Para ciertas empresas, la innovación es tal factor de éxito que prefieren confiar esta tarea tan particular a un antiguo jefe de producto clásico convertido en senior y que se especializa en los nuevos productos.

Las cualidades exigidas para esta clase de trabajo son diferentes de las de un jefe de producto clásico:

- la perseverancia,
- los conocimientos técnicos sobre los productos,
- el buen conocimiento del personal de producción y de los investigadores (que a veces se encuentran alejados de la sede social, incluso en otro continente),
- una disponibilidad de un 100% del tiempo en los últimos meses antes del lanzamiento (lo que sería incompatible con la buena gestión de otra marca),
- el buen conocimiento de los estudios de mercado, de estudios cualitativos para extrapolar los resultados e interpretarlos de manera profesional,
- la cualidad de persuasión para convencer a las numerosas jerarquías implicadas de la importancia del lanzamiento,
- la clarividencia. Mas allá de todas los tests de concepto, de producto, de embalaje, de precios, es una persona quien decide el lanzamiento. Hay algunos que se equivocan menos que otros en esta clase de decisiones estratégicas.

Una vez que ya se ha lanzado el producto, el jefe de «nuevos productos» regresa, al cabo a unos cuantos meses, al seno del equipo regular del jefe de producto.

Los demás jefes que no hay que confundir con el jefe de producto

▶ *Jefe de publicidad en una agencia*

Es el responsable comercial de los clientes de la agencia, a veces también responsable de la prospección de nuevos clientes. Es el intermediario entre los creativos y los anunciantes. Este puesto es muy buscado en las grandes agencias, ya que se trata de gestionar las cuentas de anunciantes muy importantes. Los presupuestos de un solo anunciante sobrepasan, en ocasiones, la cifra de negocio de una pequeña agencia de publicidad. En una agencia pequeña, el jefe de publicidad se centrará especialmente en la búsqueda de nuevos clientes.

▶ *Jefe de publicidad de soportes*

Es un comercial encargado de vender un espacio publicitario a las agencias de comunicación, a las centrales de compra de espacio publicitario y, cada vez más, directamente a los anunciantes.

▶ *Jefe de publicidad en la empresa del anunciante*

Es responsable de la comunicación para una línea de productos, un mercado o una marca. Está bajo la responsabilidad del director de comunicación o de marketing, y en ciertos casos del jefe de marca.

▶ *Jefe de fabricación en una agencia*

Es responsable de la subcontratación, especialmente en la cadena gráfica, las artes o la producción audiovisual.

Conclusión

El puesto de trabajo de jefe de producto apareció en 1931 en la empresa Procter & Gamble para gestionar el éxito del jabón Lux. En la actualidad, después de unos cuantos éxitos y unos cuantos fracasos, la función ha evolucionado profundamente. Esta profesión va más hacia el trabajo de campo, es más operativa, controla más los costes; puede que sea debido a la crisis de la economía y al asentamiento de la demanda. Los directores generales quieren obtener un resultado tangible a cambio de cada sueldo que paga la empresa.

Sin embargo, el interés de las profesiones del marketing por la expansión y plenitud de la persona es evidente. Las cuestiones son diversas, las actividades variadas, la reflexión está presente en cada momento... Además, la posición dentro del organigrama es relativamente cómoda y no hay (aún) presiones de cara a los resultados a corto plazo.

Los límites e inconvenientes son de diversos órdenes:

- esclerosis en el producto,
- falta de acción como sucede en un puesto funcional,
- esquema de decisión laborioso,
- gestión compleja del equipo,
- estrés debido a la necesidad de cumplir los plazos,
- pero especialmente la frustración de no ver los resultados y de no ser responsable de la globalidad de la gestión.

El marketing tiene una misión funcional. Puede que llegue a lamentar una cierta falta de participación en las acciones sobre el terreno y no tener un reconocimiento por las cifras de ventas obtenidas.

Diccionario

Al inicio de la definición, la letra entre paréntesis define el campo de actividad que se refiere.
(P) publicidad y medios; (M) marketing; (D) distribución; (C) comercial; (PV) promoción de ventas; (MD) marketing directo; (E) estudios.

Acción (C): en la vida sigue a la reflexión, en el marketing sigue a la recomendación. Es la consecuencia obligada de la estrategia.

Actitud (E): ver Costumbre.

Adquisición de espacio (P): Compra de espacio: función de reservar, negociar y pagar el espacio publicitario de un soporte. Las agencias de publicidad compraban el espacio para los anunciantes, y luego las centrales de compra de espacio se convirtieron en intermediarios. Hoy en día, cada vez son más los anunciantes que compran el espacio directamente a los medios de comunicación.

Agencia de publicidad (P): empresa de servicios a la que un anunciante ha ordenado que conciba, realice y ponga en marcha las campañas de comunicación. Ciertas agencias están especializadas en promoción o en marketing directo, y hay otra parte que son generalistas. En las agencias, las funciones se reparten en comercial (jefe de publicidad), creativo, producción y administración.

Agrado (E): Índice de satisfacción mostrado por el público objetivo expuesto a un mensaje.

AIDA (Atención, Interés, Deseo, Adquisición) (E): modelo de aprendizaje del consumidor para pasar de la ignorancia total de una oferta a su compra.

Ampliación de marca (M): Ligera variación de un producto que lleva la marca del producto principal.

Anómalo (M): se dice de un bien que se adquiere con poca frecuencia, contrariamente a un producto o servicio cotidiano. Por ejemplo, producto matapolillas o televisor.

Anunciante (P): el que paga por la publicidad (más concretamente por la compra de espacio); quien paga los sondeos, el diseño, la impresión, la expedición o el envío. En principio es cliente de la agencia, pero cada vez son más los anunciantes que compran directamente sin intermediario.

Anuncio (P): mensaje publicitario, que puede ser impreso, por radio, televisivo o en vallas.

Argumentación de venta (C): argumento o guión que incluye las respuestas a las posibles objeciones de un interlocutor. Se utiliza en las entrevistas personales, pero también para el teléfono y el *mailing*, o para los nuevos medios interactivos. En el caso de una encuesta, es una guía de entrevista.

Artículo (P): texto escrito por un periodista imparcial y sin ninguna presión publicitaria.

Atractivo (D): potencial de una zona comercial o de una familia de productos para atraer a los consumidores. El atractivo tiene varios índices como el índice de paso, o el índice de compra.

Audiencia (P): conjunto potencial de personas que pueden recibir un mensaje, es decir, todos los lectores de una revista, todos los oyentes de un programa. La audiencia útil para un anunciante es la parte de la audiencia general que corresponde a su objetivo de comunicación (utilizado en el cálculo del GRP). La relación entre la audiencia útil y la audiencia del soporte es el coeficiente de afinidad. En el caso de utilizar varios soportes, a la audiencia acumulada hay que restarle la duplicación (las audiencias comunes).

Auditoría: (1) Marketing: análisis de la estrategia, de los medios y de las acciones de la empresa. (2) Legal: trabajo del auditor de cuentas para verificar las cuentas de la empresa.

Autoadhesivo (PV): medio barato de anunciar una operación promocional sin tener que imprimir nuevos envases o embalajes.

Banco de datos (E): base de datos.

Barómetro de imagen: serie de datos recogidos periódicamente, que proporcionan una indicación de la evolución de la imagen de la empresa.

Bartering (P): intercambio con un soporte de espacio publicitario (prensa, televisión...) a cambio de productos que la empresa fabrica o adquiere. Por ejemplo, los grandes fabricantes de jabones financian series televisivas, las denominadas *soap operas*, a cambio de espacio publicitario en las cadenas de televisión.

Base de datos (MD): Conjunto de informaciones que permiten estructuradas que se seleccionen, se comparen, se impriman etiquetas o mensajes personalizados, o bien que se reagrupen en segmentos.

Base de datos de marketing (o relacional) (MD): conjunto de informaciones, tratadas por ordenador, que describen a los clientes reales y potenciales con sus comportamientos específicos (por ejemplo, el Sr. Arturo Soria, dirección, teléfono, aficionado a la pesca y la fotografía, y compra sus productos en grandes superficies).

Base line (P): Argumentación básica, ver Rúbrica.

BDP (Beneficio Directo por Producto) (D): es el cálculo de la rentabilidad obtenida por cada referencia de producto, incluyendo todos los costes directos e indirectos (sueldo del jefe de departamento, precio del m^2...) y deduciendo todas las rebajas concedidas por el proveedor.

Benchmarking (M): principio de marketing de comparación entre las mejores empresas para elevar el nivel de calidad de los servicios de la propia.

Blind test (E): literalmente «test ciego». Comparación de productos sin conocer su procedencia, con el objeto de valorarlos de la forma más objetiva posible.

Blister: especie de envase de plástico, tipo burbuja.

Body copy: ver Texto.

Box-palette (D): elemento de PPV (publicidad en el punto de venta); revestimiento de un palet con un cartón de presentación que permite colocar los productos directamente en la superficie de venta. Este procedimiento evita a los distribuidores el desembalaje y la colocación de los productos.

Brainstorming (E): método para generar ideas y que consiste en la reunión de un grupo donde no se censura nada, y en el que cada uno expresa aquello que le viene a la mente. Está bastante cerca del método asociativo, que, al contrario que el *brainstorming*, puede practicarse de forma individualizada.

Briefing: (1) General: puesta al día de acuerdo con una misma base de información antes de una acción. (2) Comunicación: explicación del problema presentado que debe resolver un proveedor. En el caso de un informe del anunciante a la agencia, el jefe de producto informa al jefe de publicidad, que transmite los elementos a los creativos y a los *media-planners* (planificadores de medios).

Bus mailing (MD): envío postal agrupado de publicidad, por medio de postales, generalmente enfocado a sectores precisos del *business to business*.

Business to business (M): mercado entre profesionales y empresas.

CA/NC: (Cantidades Adquiridas/Número de Compradores): cantidad media comprada por cliente.

Cadena de valor (análisis de la): descomposición del producto en diferentes elementos (servicios anexos, disponibilidad, etc.) desde la perspectiva de las necesidades de los clientes.

Cadena gráfica (P): etapas sucesivas para pasar de una idea a los documentos de control listos para imprimir, en el orden siguiente: entrega de textos, compaginación, fotolitos, ajuste, listo para imprimir.

Cadena voluntaria (D): agrupación de puntos de venta a fin de centralizar las compras, la gestión, la formación... Cada socio sigue siendo independiente financiera y jurídicamente.

CAE (Campo de Actividad Estratégica) (M): departamento autónomo de una gran empresa, que con frecuencia tiene relación con un producto/mercado. También recibe la denominación de unidad estratégica de negocio.

Campaña (P): designa todo el período de la acción de comunicación, de promoción, de rebaja de precios.

Canibalización (M): autocompetencia de productos sustituibles de una misma empresa.

Capital marca (M): fondo de comercio de una marca.

Carácter (P): forma de las cifras y letras. Las grandes clases de caracteres son *los rectos, los gruesos, los góticos.* Sinónimo: fuente.

Carga de información: introducción en un fichero informático de datos, como los nombres y demás información sobre un futuro o posible cliente. Puede cargarse el fichero de forma automática por transferencia de datos o por escáner y por reconocimiento óptico de caracteres.

Cartera de productos (M): conjunto de productos gestionados por la empresa. Se pueden clasificar los productos según su potencial de desarrollo y sus posibilidades de rentabilidad según diferentes métodos (por ejemplo matriz BCG).

Cash and carry (D): sistema de distribución muy parecido al *hard discount*; los productos, sin desembalar, son colocados de forma tosca en las estanterías.

Cebo (P): eslogan, invitación a leer un texto.

Central de compras: (1) Distribución: empresa que efectúa las compras para un conjunto de asociadas. (2) Comunicación: mayorista de espacio publicitario. La central de compras de espacio centraliza las compras de sus afiliados sobre unas bases tarifarias anuales que tiene con los soportes.

Centro comercial (D): grupo de establecimientos de venta al detall con una superficie de por lo menos 5.000 m^2 (los de mayor tamaño, en general, suelen albergar un hipermercado); forman parte del mismo las galerías comerciales y los centros de depósitos de fábricas.

CG (Cabeza de Góndola) (D): en un autoservicio, es el producto situado al principio y al final de cada estantería. Generalmente los productos que están de promoción se encuentran en la CG.

Ciclo de vida (M): período de tiempo que recoge la evolución de las ventas de un producto desde su lanzamiento hasta su declive. La forma más detallada de este concepto comprende siete fases: lanzamiento, adopción, crecimiento, madurez, saturación, declive y un eventual relanzamiento... El beneficio (acumulado) resultante del producto es negativo hasta la fase de madurez.

Ciego (test) (E): comparación de productos sin conocer su procedencia, con el fin de obtener un juicio lo más imparcial posible.

Cliente (C): persona que compra los productos de la empresa. Lo más frecuente es que el cliente sea un distribuidor.

Club (M): agrupación de consumidores o de prescriptores seleccionados y especialmente animados por el fabricante con el objetivo de lograr a una mayor fidelidad con la marca.

Co-advertising (D): publicidad conjunta de un distribuidor y de un fabricante; cada vez es más habitual y forma parte del *trade-marketing*.

Cobertura (P): (1) Comunicación: porcentaje de la audiencia de un soporte. (2) Panel: índice de fiabilidad.

Código de barras (D): código de trece cifras; las dos primeras indican el país, las cinco siguientes el código europeo del fabricante o del distribuidor, las otras cinco, la referencia del producto, y la última está reservada para la clave. Cuando se realiza una promoción es preciso editar un nuevo código de barras .

Cognitivo - Afectivo - Conativo (P): tres fases de una teoría del aprendizaje que corresponden al conocimiento, la actitud y el comportamiento.

Cohesión: elemento esencial, unión de los empleados y directivos, coherencia de las ideas, para que toda la estrategia dé sus frutos.

Colección: método promocional basado en fomentar la voluntad de los consumidores de completar la colección iniciada. Herramienta para ganarse la confianza de la clientela.

Compaginación (P): al elaborar un documento el arte de presentar armoniosamente el texto y las imágenes dentro de un formato definido.

Competencia (M): conjunto de empresas y organizaciones que ofrecen el mismo producto, o un producto sustituible, sea cual sea el objetivo de comercialización. El estudio de la competencia (competencia directa, cercana, lejana) forma parte del estudio de mercado. La creación de un observatorio de la competencia permite seguir la evolución de cada uno de los participantes en el mercado.

Comportamiento (M): centro de todo el pensamiento y reflexiones de marketing; es el conjunto de actos (lecturas, compras, costumbres...) efectuados, verdaderamente, por el consumidor.

Comprador: responsable de seleccionar a los proveedores más aptos para cumplir las condiciones de venta. (1) Distribución: al nivel de una central de hipermercados o de una empresa regional de distribución, el comprador escoge los productos de los fabricantes y negocia las condiciones de venta. Al nivel de un comercio, el comprador es un jefe de departamento que selecciona y aprovisiona sus productos. (2) Publicidad: en las artes gráficas, el comprador es un jefe de fabricación que subcontrata ciertas fases de la realización (encuadernación, subtitulado...). En las agencias de publicidad su función es elegir a los fotógrafos, ilustradores, modelos...

Comunicación: información proporcionada con la finalidad de cambiar un comportamiento, una actitud.

Comunicado de prensa (P): dossier informativo realizado por el encargado de prensa o por la empresa directamente, para dar a conocer las ventajas de su oferta. Si está interesado, el periodista hará un artículo sin cobrar nada por ello.

Concepto (M): representación abstracta de un producto para un determinado público objetivo.

Concurso (P): concurso público de varias agencias seleccionadas por un anunciante. Los anunciantes pueden pedir propuestas muy definitivas, o simplemente, reflexiones estratégicas. Es habitual no pedir que concurran más de cuatro agencias y pagar una indemnización por el tiempo invertido en reflexionar sobre el problema presentado. Está prohibido utilizar posteriormente las ideas de las agencias no contratadas; ya que están protegidas por la ley de propiedad intelectual.

Concurso (PV): (1) Promoción: técnica de promoción de ventas sin obligación de compra. (2) Comercial: desafío entre los comerciales para sobrepasar los objetivos de venta y ganar una prima especial.

Concurso público: pliego de condiciones y/o especificaciones al que se someten las empresas con la esperanza de ganar un proyecto.

Consumidor (M): individuo que utiliza un producto con la finalidad de satisfacer una de sus necesidades. Hay que distinguir entre los no-consumidores absolutos y los relativos. El consumidor activo ha utilizado el producto en los últimos meses.

Contacto útil (P): parte de la audiencia de un medio que forma parte del público objetivo de un anunciante.

Contribución: parte de los gastos fijos de la empresa (gastos generales) soportada por una marca o un producto o línea de producto.

Control de gestión: preparación y seguimiento de los presupuestos de la empresa; explicación de las desviaciones si llega el caso.

Cooptación: método de contratación gestionado por los propios asalariados.

Córner (C): rincón de un establecimiento concedido a una empresa para vender sus productos, como la perfumería de los grandes almacenes, por ejemplo.

COS (Coeficiente de Ocupación del Suelo) (D): permite comparar la densidad de implantación de las góndolas en relación con la superficie de venta.

Coste por mil (CPM) (P): ratio del precio del soporte publicitario por la audiencia alcanzada, expresada en miles, que sirve de criterio de elección entre los diferentes medios de comunición; es poco selectivo, ya que no tiene en cuenta el público objetivo del anunciante.

Costes variables (D): costes que varían directamente según el nivel de producción.

Costumbre y actitud (E): tipo de encuesta cualitativa para conocer la función que cumple un producto en determinados hogares, así como sus comportamientos de compra...

Creación (P): proporciona calidad a un mensaje. Es el resultado de una buena estrategia de marketing, sobre todo por lo que respecta al posicionamiento.

Cross-selling (PV): ver Venta cruzada.

CSP (MD): categorías socioprofesionales.

Cuartil: estadístico que consiste en la división de una población en cuatro partes de igual tamaño. Es especialmente útil para las series de una variancia elevada.

Cuenta clave: ver Responsables de grandes cuentas.

Cuota (C): parte de las ventas totales de un mercado atribuible a un producto. También denominada cuota de mercado.

Cuota de audiencia (P): medida de la presión publicitaria de una empresa en relación con otras empresas del mismo mercado (en un producto o una gama de productos).

Cuota de mercado (M): medida del éxito de la empresa. Ratio de las ventas del producto en relación con las ventas totales del mercado. Puede ser expresada en volumen (cantidad) o en valor (cifra de negocio).

Cuota de mercado marca (M): es la cuota de mercado de una marca en los establecimientos de venta donde se encuentra presente, para permitir las comparaciones entre marcas con distribuciones diferentes.

Cupón (PV): técnica de promoción de ventas por medio de la difusión de cupones de descuento.

Cuponaje cruzado (PV): el cupón lo lleva otro producto distinto del que se promociona; es frecuente que el portador sea muy conocido y la oferta sea de un producto que se está lanzando o es menos conocido.

Curva de experiencia (M): efecto del tiempo y del conocimiento del mercado, de los proveedores, del entorno, de las técnicas de producción que entrañan una reducción de los precios de coste. Es una noción distinta de la economía de escala, que solamente es proporcional a las cantidades producidas.

CYMK (P): *cyan* (azul), *yellow* (amarillo), *magenta* (rojo), *black* (negro), son los cuatro colores base para la impresión en cuatricromía.

DAGMAR (*Defining Advertising Goals for Measuring Advertising Research*): modelo de aprendizaje del consumidor sometido a una presión publicitaria. Según este modelo, el consumidor pasa por las fases cognitiva (conocimiento) y luego la conativa (comportamiento).

Datos primarios (E): información a medida, recogida especialmente para una empresa.

Datos secundarios (E): información ya existente, utilizada por la empresa a través de un banco de datos, por ejemplo. Las fuentes pueden ser el Banco de España, las revistas profesionales, las cámaras de comercio, los gremios de fabricantes ...

De boca a oreja(P): publicidad gratuita generada por los usuarios, los prescriptores... Se dice que algunas agencias están especializadas en este método de comunicación.

Debriefing: reunión posterior a una acción para tratar el asunto a fondo y, como en toda reunión, dar lugar a un acta.

Decil: estadístico que consiste en la división en diez partes de tamaños iguales de un conjunto de individuos; permite un mejor conocimiento y valoración de la población.

Defecto (conocido y desconocido) (D): porcentaje de robos, de errores de inventario, rotura y deterioro en relación con las ventas del establecimiento. La tasa de defectos raramente sobrepasa el 4%.

Descremación (M): política de precios elevados para limitar, voluntariamente, el acceso al producto; esta política puede ser temporal de cara a la introducción en el mercado. Lo contrario es la penetración.

Desduplicación (MD): consiste en eliminar las repeticiones cuando se hace una reagrupación de ficheros o una entrada de direcciones.

Demanda (M): conjunto de productos que pueden ser adquiridos, a un precio dado, por los participantes del mercado. La elasticidad de la demanda, en relación con los precios o los ingresos, expresa la variación de las cantidades adquiridas en función de las bajadas o de las subidas de precios o de ingresos. La demanda teórica debe ser analizada en detalle, ya que incluye a una parte de compradores no solventes (la demanda teórica de vehículos de gama alta integra una buena parte de intenciones de compra que jamás se llevarán a cabo).

Departamento (D) de un hipermercado: fresco, ultrafresco, congelado, líquido, comestibles secos, DPH (droguería, perfumería, higiene), bazar.

Depósito (distribución por) (D): plataforma logística de almacenaje de los distribuidores que despachan ellos mismos los productos desde sus almacenes. Generalmente, los distribuidores hacen pagar por este servicio entre un 8 y un 12% del precio de compra. Además, esta clase de distribución obliga a los comerciales a realizar ventas indirectas difíciles de seguir.

Difusión (P): número de ejemplares realmente distribuidos, aunque sea gratuitamente, y siempre inferior a la tirada; la diferencia constituye el remanente.

Diseño (P): belleza funcional o estilo ergonómico.

Display (PV): elemento de PPV que contiene productos. Denominación genérica que designa tanto a un *box-palette* como a un expositor de mostrador.

Disquetting (MD): *mailing* de disquetes informáticos, o inserción del programa de presentación de un programa con la compra de otro. Con las posibilidades del multimedia y del CD-ROM, el *disquetting* está destinado a desarrollarse.

Distribución (D): punto de encuentro entre el producto y el comprador (oferta y demanda). Existen diferentes clases de circuitos (largo o corto) que corresponden a métodos de venta elegidos por el fabricante (venta a través de mayorista, venta directa, venta por correspondencia). La política de distribución es un elemento del marketing-mix.

Distribución de valor (DV) (E): con frecuencia se la confunde con la DN o con cualquier otro indicador. La DV expresa la calidad de la distribución de un producto. Es el informe de las ventas de las tiendas en las que el producto está presente, en relación con la CN total de las tiendas del universo (la cifra de negocio que se tiene en cuenta es la de la clase de producto). Si los dos puntos de venta en los que el producto está presente producen un 50% de la CN del universo, la DV es de 50.

Distribución numérica (DN) (E): indicador del panel distribuidor (Nielsen), que expresa el número de comercios en los que está presente el producto, en relación con el número de comercios del universo. Si el producto está presente en dos comercios de un universo de diez, la DN es de 20.

Documento de control (P): última verificación por cromalín o *match-print* antes de la impresión.

Dossier de la competencia (E): informe de las campañas de publicidad de la competencia; clasificado por medio y por período; permite una aproximación al presupuesto de comunicación (bruto) de la competencia.

Dossier de prensa (P): ver Comunicado de prensa.

Dumping: acción de vender productos por debajo de su precio de coste.

Duplicación (P): audiencia que pertenece a dos soportes y a la que se toca dos veces, si el mensaje aparece en los dos soportes. La duplicación aumenta la frecuencia pero no la cobertura.

EAN (*European Article Number*): ver Código de barras.

Edición (P): comunicación en forma de papel impreso.

Ekta (P): foto en positivo (los colores son visibles, lo contrario que en un negativo) translúcido; existen tres medidas: diapositiva, formato medio y grande.

Elasticidad de precios (M): reacción del comprador ante una variación de los precios; si es débil o nula, esta ratio indica que las variaciones de precios no afectan a las cantidades vendidas. La elasticidad de los precios es, con frecuencia, negativa (cuanto más caro es el producto, menos se adquiere) pero a veces es positiva (cuanto más caro es el producto, más se compra), que es el caso de los productos de lujo. A este hecho se le conoce como efecto Veblen.

Embalaje (M): protege y acondiciona a los productos durante el transporte y el almacenaje.

Embalaje prima (PV); el acondicionamiento del producto es reutilizable y constituye un regalo (por ejemplo, el vaso con crema de chocolate).

Empatía (M): cualidad de ponerse en el lugar de su interlocutor, o consumidor, para comprenderle mejor. Es una cualidad imprescindible para un jefe de producto.

Encarte (P): colocado o grapado dentro de una revista, el lector puede conservarlo. Se incluye en la paginación publicitaria, y el anunciante paga tanto el derecho de colocación como el exceso de coste de envío, además de la impresión de su encarte.

Entradilla (P): título o primera línea de un párrafo, en negrita, que incita a la lectura ya que permite unos puntos de referencia y proporciona unas posibles puertas de entrada al texto.

Envase (M): envoltorio en contacto directo con el producto. Una promoción acostumbra a modificar el envase; éste permite formar lotes de dos o más productos.

Envíos de publicidad por correo (PV): acción de enviar el mismo mensaje a un grupo de personas (consultar precios especiales con correos, por cantidad).

Esbozo (P): boceto, dibujo rápido para presentar una idea.

Estímulo: motivación de los vendedores (internos o externos) por la posibilidad de obtener algunas ventajas financieras y/o no financieras.

Estrategia: conjunto de acciones enfocadas a alcanzar un objetivo.

Estrategia de textos (P): resumen de la estrategia de comunicación redactada por la agencia y aprobada por el anunciante. Sirve de plataforma de comunicación.

Estudio cuantitativo-cualitativo (E): respectivamente, medios de conocer las opiniones en el primer caso, y un medio para explicarlas, en el segundo. El cuantitativo está basado en preguntar a un gran número de personas de la muestra; el cualitativo se concentra en un número muy pequeño de personas.

Estudio de mercado (E): método de investigación que permite conocer los públicos de los que depende la empresa; por ejemplo, el potencial y la oportunidad de una posible introducción de productos. Es un inmenso cajón de sastre que puede encubrir falte de ideas o de capacidad de valoración y decisión.

Estudio de notoriedad y de imagen: encuesta realizada a diferentes públicos (comprador, consumidor, prescriptor, etc.) para conocer sus opiniones sobre la empresa, sus personas y sus productos. El primer punto (notoriedad) es la verificación del grado de conocimiento de la empresa y «no sólo de nombre». El segundo punto (imagen) intenta discernir la imagen que se ha creado alrededor del nombre.

Estudio de posicionamiento del producto: ver Test de concepto.

Estudio de satisfacción de la clientela: encuesta entre la clientela para conocer las fuentes de satisfacción y de insatisfacción. Los resultados pueden aparecer en un barómetro de la empresa, si la encuesta es periódica.

Estudio de urbanismo comercial: una etapa que se ha convertido en obligatoria para la implantación de una gran superficie. Consiste en estudiar los puntos de venta cercanos y la población del entorno.

Estudio documental: primera etapa de un estudio de mercado, que consiste en encontrar todos los datos secundarios existentes.

Eventual (comunicación) (P): utilización de un evento existente o creación de uno que sea adecuado para emitir un mensaje.

Examen de marca (M): ejercicio anual presentado por el jefe de producto, que incluye en un informe todos los acontecimientos importantes de la marca (producto o familia de productos) y analiza los hechos y las causas.

Expedición (MD): acción que comprende el ensobrado, franqueo, selección, entrega en correos y gestión de las devoluciones. Si la expedición se subcontrata a un especialista, se puede prever la inclusión de direcciones de control para asegurarse de que los plazos han sido respetados adecuadamente.

Facing (M): número de referencias visibles en un lineal (sólo cuenta la unidad visible en primera línea); da lugar a buenas trifulcas entre los que se cuidan de cada artículo.

Feed-back: señal de reacción ante un mensaje.

Ficha técnica: documento impreso que describe el producto de una forma exhaustiva.

Fichero (MD): una sencilla lista de nombres y direcciones que para convertirse en una base de datos de marketing sólo necesita que se incluyan los comportamientos.

Folder test (P): inserción de un anuncio de prueba entre otros anuncios reales.

Folleto (P): documento impreso con fines promocionales y publicitarios.

Fondo de comercio (C): elementos necesarios para la actividad comercial, compuesto por los *stocks*, el mobiliario y también por la clientela, la imagen, el nombre y el local comercial.

Formato (P): tamaño de un anuncio, duración de un *spot* de radio o TV, en la prensa aún se distingue el formato útil que depende del tamaño del papel.

Franco (C): en general se refiere al transporte e indica que este es gratuito a partir de una cierta cantidad pedida, peso, cifra de ventas.

Franquicia (D): sistema comercial en el que el franquiciador es propietario de una marca y el franquiciado, de un local (o de una clientela). El franquiciado paga una licencia al franquiciador para la explotación de su marca, su ayuda central y, eventualmente, por la publicidad nacional.

Frecuencia: (1) Publicidad: número de veces que una persona del público objetivo tiene la posibilidad de que se llegue a ella. (2) número de compras efectuadas en un período dado.

Freno (E): motivo real o no que impide consumir un producto.

Fuera de los medios (P): se dice de aquellas acciones que no consisten únicamente en la compra de espacio, como la promoción, la PPV, el patrocinio...

Fuerza de ventas (C): equipo encargado de las relaciones directas o indirectas con los clientes, de la venta o de la prescripción-asesoría a los intermediarios. La fuerza de ventas puede ser externa (fuerza de venta temporal, fuerza de ventas de un mayorista) o interna (empleados).

Fulfilment (PV): gestión física de las respuestas y de las devoluciones de una operación promocional. Las fases principales son la recepción, la apertura, la recogida, el tratamiento, la edición, la respuesta y el pago por giro o cheque.

GA (Grandes Almacenes) (D): establecimientos de ventas al público con múltiples departamentos y un gran surtido.

Gama de productos (M): variedad de productos que componen la oferta y las diferentes categorías. La gama de productos puede ser grande o profunda si tiene muchas líneas de productos. En el segmento de dentífricos infantiles, existe la gama de dentífricos lúdicos (o de los dentífricos medicinales). Ver segmento y línea.

Ganarse la confianza (de la clientela) (MD): estrategia que consiste en ocuparse más de los clientes adquiridos que de los potenciales.

Geotipo (P): tipología basada en el término municipal en que se vive. Es una clasificación de todos los municipios del país.

GLA *(Gross Leasing Area)* (D): superficie bruta alquilada de un centro comercial.

GMS (Grandes y Medianas Superficies) (D): cualquier punto de venta al detall, de autoservicio, de una superficie de más de 400 m². Hipermercados, supermercados, almacenes populares, grandes almacenes, grandes superficies especializadas.

Góndola (D): mueble de 1,33 metros de largo, aproximadamente, y una altura variable, según la empresa.

Goodwill: valor del producto comercial de la empresa que tiene en cuenta los elementos inmateriales que no figuran en el balance.

Gratuita (prensa) (P): periódicos distribuidos gratuitamente. La impresión y la difusión son financiadas por la venta de espacio publicitario y por los PA (pequeños anuncios).

GRP (Gross Rating Point) (P): cobertura útil multiplicada por la frecuencia. Permite comparar la potencia de varios planes de medios con soportes distintos.

GSA (Gran Superficie Alimentaria) (D): hipermercados y supermercados.

GSE (Gran Superficie Especializada) (D): tipo de comercio que aplica los métodos de las grandes superficies para una especialidad concreta, y con frecuencia es una filial de un grupo de hipermercados. Su superficie de venta es superior a los 400 m² y están especializados en bricolage, confección, electrodomésticos, equipamientos para el coche, jardinería, deportes...

Hard discount (D): tienda de venta al detall en que el surtido es limitado y formado por marcas con precios muy baratos. Los productos están puestos de cualquier manera, y hay poco personal de ayuda al cliente.

Hipermercado (D): punto de venta al detall y en auto-servicio, con una superficie de venta de más de 2.500 m². El surtido propuesto puede variar de 25.000 a 42.000 referencias.

IDI (Intercambio de Datos Informáticos. EDI, en inglés) (D): sistema de comunicación entre distribuidores y fabricantes, tendente a reducir el coste del tratamiento de las operaciones (pedidos y pagos) y los plazos de entrega.

Imagen (P): riqueza de la marca. Es el valor añadido del producto o de la empresa que justifica por una parte las inversiones en marketing que realiza la empresa, y por otra, un ligero suplemento de precio que el consumidor acepta pagar.

Impacto (E): efecto de un mensaje sobre un objetivo. Está en el centro de todas las medidas de eficacia publicitaria, para analizar el recuerdo dejado por un mensaje.

Compra por impulso (compra por impulso): compra no prevista ni razonada.

In pack (PV): regalo promocional ofrecido directamente en el interior del embalaje.

In situ (E): observación en el lugar de compra, de consumo, de uso.

Incentivo (C): ver estímulo.

Innovación: política de una empresa que invierte más que sus competidores en investigación y desarrollo.

Inversión: bajo este aspecto hay que considerar los presupuestos de marketing y comunicación. Desgraciadamente, son demasiados los financieros que los clasifican en la categoría de gastos. Los últimos avances de las finanzas tienden a integrar el capital imagen de marca al mismo nivel que las máquinas. Se trata en definitiva del reconocimiento del marketing y la comunicación.

Investigación y desarrollo: departamento de la empresa encargado de efectuar todas las investigaciones necesarias para mejorar los productos existentes o para el lanzamiento de nuevos productos. Este departamento acostumbra a estar centralizado en un único lugar donde se efectúan las investigaciones fundamentales y las aplicaciones industriales.

IPV (Información en el Punto de Venta) (D): ver PPV.

ISD (Impreso Sin Dirección) (MD): documento impreso sin personalizar, distribuido directamente en los buzones, en los vehículos, las motos. El ISD gana mucho en impacto si se encuentra dentro de un sobre.

Islote (D): en *merchandising*, sistema de presentación de los productos que impide que el consumidor avance en línea recta.

Islotipo (*census tracking*) (MD): segmentación de una población según sus direcciones.

Jefe de grupo (*Group Product Manager*): dirige, aconseja y controla a varios jefes de producto. Es responsable de la consolidación de los resultados de todas sus marcas.

Jefe de mercado: responsable de varios productos que se dirigen a un mismo segmento de clientela. Varios jefes de mercado intervienen en un mismo producto, vendido en circuitos diferentes.

Jefe de producto (M): responsable del marketing-mix y del ciclo de vida de un producto o una marca.

Jefe de publicidad (P): (1) Interlocutor del jefe de producto, que representa a una agencia de publicidad. (2) Vendedor de espacios publicitarios. (3) Colega del jefe de producto, empleado de la empresa, responsable de la comunicación.

Jurídico: función que cada vez tiene mayor importancia en la normativa de promociones, en los contratos de licencia, los derechos de la propiedad intelectual...

Key account manager (C): ver Responsable de grandes cuentas.

KISS (*Keep It Short and Simple*): fórmula útil para aclarar sus ideas antes de practicar el marketing, la ciencia de la sensatez y el buen sentido. La traducción literal sería: Hazlo corto y sencillo.

Know-how: saber hacer de la empresa.

Lanzamiento (C): implantación de un nuevo producto en el mercado.

Lanzamiento escalonado (C): proceso que consiste en presentar un nuevo producto al mercado seleccionando los mercados y el orden en que reciben el nuevo producto.

Licensing (P): contrato que prevé el pago del derecho de utilización de una marca a su propietario.

Líder: el primero en un campo, empresa en primer plano por sus técnicas y métodos, y en consecuencia con la mayor cuota de mercado.

Líder de opinión: es un personaje con un papel de asesor informal frente a los consumidores, los cuales tienen en cuenta sus consejos. Los líderes de opinión constituyen una parte de los prescriptores.

Línea de productos (M): subdivisión de una gama. Los productos de una línea responden básicamente a la misma necesidad, pero con variedades fórmulas o acondicionamientos diferentes. Cuanto más numerosas son las variantes más profunda es la línea.

Lineal (sensibilidad al): el informe de ventas por el lineal utilizado. El lineal es la medida de cada estantería.

Lobbying: técnica de presión (suave) sobre las fuerzas políticas o las organizaciones profesionales. El origen viene del pasillo (*lobby*) de la cámara de diputados norteamericana, donde eran numerosas las discusiones antes de una votación.

Logo (P): expresión gráfica (dibujo, colores, símbolos) de un producto o de una empresa.

Lote (P): productos agrupados bajo un mismo embalaje. Lote de dos (*twin pack*), emparejado (productos diferentes), cruzado...

Mailing (MD): acción comercial d envío por correspondencia.

Mapping o análisis multidimensional: representación gráfica de la posición de marcas o consumidores según dos ejes. La elección de los ejes sigue a un análisis factorial de las correspondencias, para determinar las más significativas. Esta representación bajo la forma de mapa es utilizada, principalmente, para los segmentos y tipologías de consumidores.

Maqueta (P): desde el boceto a la maqueta terminada, representa todas las etapas de la creación. Estas etapas, cada vez más informatizadas, forman parte de la cadena gráfica.

Marca (M): elemento distintivo que utiliza una empresa. Este elemento es representado por un nombre, una sigla, un dibujo, y su potencia es resumida por la notoriedad y la imagen. La construcción de una marca y de su territorio es uno de los objetivos del marketing. La marca es reconocida por los financieros como un activo intangible que hay que valorar en la venta de una empresa.

Marca parasol (M): marca utilizada en varios productos y que sirve de elemento de cohesión y de garantía.

Margen: el margen tiene diversas definiciones según las empresas. Las reglas contables no han encontrado una definición única. De forma general, es la diferencia entre un precio de venta y un coste; según el caso –coste de compra, coste de producción, coste de producción y de comercialización, conjunto de gastos fijos y variables. Es económicamente viable comercializar un producto con un margen bruto negativo (ventas menos costes variables) si éste aporta su contribución a los gastos fijos de la empresa.

Margen de contribución (C): cantidad de ingresos resultantes después de haber restado los costes incrementales.

Marketing: transformación de la satisfacción de una necesidad del consumidor en beneficio para la empresa.

Marketing de red (C): utilizado, sin fundamento, para designar la venta directa por red de relaciones (por ejemplo, Tupperware, Avon).

Marketing diferenciado: se dice de una política de marketing que adopta su mix en función de los segmentos de mercado seleccionados. Por el contrario, el marketing no diferenciado se apoya en los mercados de masas en los que el mismo producto (con el mismo mix) se dirige a todo el público objetivo.

Marketing directo: Sistema interactivo de comunicación con el objetivo de crear y explotar una relación directa entre la empresa y sus clientes reales y potenciales, tratándolos como individuos.

Marketing-mix (M): Conjunto de diferentes acciones de marketing. Tradicionalmente compuesto por las cuatro P, (precio, promoción, placement o distribución, producto) evoluciona hacia un conjunto mucho más complejo que comprende el *trade-marketing* y la segmentación.

Marrón (productos o línea marrón) (M): productos electrónicos, televisores, aparatos de alta fidelidad, vídeos. La denominación procede del color, de imitación madera, que acostumbraban a tener los televisores y los muebles de alta fidelidad.

Mayorista (D): intermediario en los circuitos largos de distribución. Su papel es comercial y logístico. Cada vez se discute más su utilidad.

Matriz BCG *(Boston Consulting Group)*: análisis de la cartera de productos según la cuota de mercado relativa, el crecimiento de ese mercado y el peso de la cifra de negocios de cada producto en la empresa. Esta matriz distingue cuatro familias de productos: estrella, vaca lechera, interrogante y pesos muertos.

MDD (Marca De Distribuidores) (D): se incluye en esta denominación (el producto lleva el nombre del co mercio), la marca del distribuidor (nombre creado por el distribuidor para comercializar ciertos productos). Esta práctica, que transforma al distribuidor en fabricante, adquiere cada vez más importancia y estas marcas obtienen unas cifras de negocio importantes (más del 20% del mercado de alimentación).

Me too product (M): producto copiado de un competidor, práctica que hace mucho tiempo estaba desprestigiada pero que, hoy en día, se utiliza habitualmente. Utilizando el nuevo nombre de *benchmarking*, ya no son los seguidores los que copian a los líderes, sino los líderes que se copian de un mercado a otro.

Mecenazgo (P): cultural, caritativo, deportivo, muy parecido al patrocinio con un mensaje menos mercantil.

Media móvil anual de ventas: Se trata de las medias de los últimos 12 meses. Este procedimiento permite eliminar los efectos estacionales y no deja aparecer más que las tendencias reales.

Media-planning (P): ver Planificación de medios.

Medios (P): vehículo y soporte de un mensaje. Dividido en grandes medios (TV, radio, carteles, prensa), medios estándar (comunicación escrita, PPV, ferias, periódicos internos) y nuevos medios (internet, terminales de ordenador, programas interactivos).

Mensaje (P): contenido de la comunicación, eje principal del discurso.

Mercado (M): lugar físico de intercambio o de trueque (la plaza del mercado). Se compone de un conjunto de ofertas y demandas para una clase de producto. Un mercado se define en relación con una técnica: mercado del acero; en relación con la satisfacción de una nece-

sidad: mercado de abrebotellas; o en relación con un segmento de
población: mercado de consumidores de refrescos. La buena definición de un mercado es el primer trabajo del responsable de marketing.

Merchandising: Promoción en el punto de venta. Conjunto de métodos
de mejora de la rotación de los productos en el punto de venta.

Método de venta (C): técnica para cambiar dinero por un producto,
comprende la venta directa, la VPC, la venta personal, la venta por circuito corto o largo...

Motivación (1) Estudios: necesidades y frenos de una población que
puede desvelar un estudio cualitativo. (2) Gestión: sin motivación no
hay acción. Los trabajadores, la fuerza de ventas, los distribuidores
son sensibles a los esfuerzos de motivación tales como el reconocimiento oficial a su trabajo, regalos, primas, estímulos...

Muestra: (1) Promoción: producto en pequeña cantidad para pruebas.
(2) Estudios: cuota de población que hay que encuestar para que dicha encuesta sea representativa de la población objetivo, por oposi-
ción a un sorteo aleatorio.

Muestreo (PV): técnica promocional de distribución de muestras que
permite obtener una introducción rápida de un producto, utilizada
por los PGC.

Muestreo cruzado (PV): técnica promocional que consiste en ofrecer
una muestra de un producto de lanzamiento o poco conocido, en todas las compras de un producto con una fuerte rotación.

Multimedia: principio de combinación de texto, imágenes fijas y animadas, sonidos y otras secuencias en un mismo mensaje.

Nicho (M): segmento de mercado muy pequeño, en el que es posible tener un posicionamiento exclusivo.

No-consumidores absolutos y relativos: los primeros no han consumido
ni consumirán jamás el producto; los segundos consumen productos
substitutivos y pueden, pues, convertirse en cualquier momento en
consumidores de la marca. Los esfuerzos publicitarios se enfocarán a
este segundo objetivo.

Norma: estándar de calidad para un producto o para un método de producción. La aplicación de normas existentes es responsabilidad de los
equipos técnicos, pero la anticipación de normas futuras debe ser seguida por el jefe de producto. Estas reglas son emitidas por AENOR,
ISO, ...

Notoriedad (P): variable que expresa el (re)conocimiento de una marca. Se calcula en las encuestas cuantitativas y se considera que la notoriedad es espontánea si el entrevistado no consulta la lista de marcas,
sino es asistida. El «*top of mind*» es la primera marca espontánea.

Observatorio de la competencia: cuadro de mando para seguir la evolución de la competencia. Las informaciones provienen mayoritariamente de la fuerza de ventas; deben ser sintetizadas y analizadas por el jefe de producto y luego devueltas a la fuerza de ventas para que pueda utilizarla en su argumentación de venta.

ODO, ODV (P): oportunidad de oír y oportunidad de ver un mensaje. Por ejemplo: el número total de personas que pasan por delante de un cartel en la calle.

ODR (Oferta de reembolso) (PV): reembolso de todo o parte de una compra. Puede ser inmediata o diferida.

OJD (Oficina de Justificación de la Difusión (P): asociación interprofesional que desde 1922 controla el número de ejemplares vendidos de periódicos y revistas (divididos entre abonados y kiosco).

Ómnibus (E): encuesta colectiva, en que diversas empresas hacen sus propias preguntas, a la misma muestra de personas, a fin de compartir los gastos.

On pack (PV): la prima, generalmente diferida, se encuentra en el propio embalaje, contrariamente a la prima *in pack*, que se encuentra en el interior del mismo.

One shot: ver Panel.

PA (Pequeños Anuncios): anuncios clasificados, representa una parte de los ingresos publicitarios de los diarios y de los periódicos gratuitos.

Pack shot (P): foto en primer plano del producto sin prácticamente ninguna escenografía, por extensión, secuencia de un plano al final de una película publicitaria.

Package: conjunto de prestaciones o de productos que forman parte de un todo indisociable y, a veces, en promoción. Por ejemplo: un *billete* de avión, más traslado, más visita, más hotel, más el acceso al parque de atracciones..., por un precio especial.

Página derecha (P): página a la derecha de una publicación, también denominada anverso. Por lo que respecta a la compra de espacio, el incremento de precio por aparecer en página derecha tiende a desaparecer.

Paginación: (1) Publicidad: número de páginas de publicidad por revista, encartes incluidos. (2) Edición: forma de situar el número de páginas.

Palet (D): plataforma de transporte que permite un manejo fácil (por medio de carretillas elevadoras) de toda clase de productos. La dimensión estándar es de 80 x 120 cm, y también existe en 80 x 60 cm.

Panel (E): estudios realizados a intervalos regulares de tiempo sobre la misma muestra de individuos, a los que se hacen las mismas preguntas. Esta clase de estudio, una vez extrapolado, permite seguir las evoluciones de la compra y la venta total a nivel regional y nacional. Esta clase de estudios se realiza sobre diferentes objetivos: panel de consumidor, panel de distribuidores (Nielsen), panel de audiencia, paneles especializados (farmacia, industria, etc.). Las empresas están abonadas a diferentes paneles, y también es posible adquirir un *one-shot* que corresponda únicamente a un período.

PAO (Publicación Asistida por Ordenador) (P): compaginación, ilustración y tratamiento de la imagen por ordenador. Los programas de compaginación permiten realizar numerosas modificaciones en todas las fases de la cadena gráfica. Los costes (gastos técnicos) y los plazos de realización han disminuido con la PAO.

Paretto (ley de): observación frecuente, pero no sistemática, de una selección decreciente de los clientes según volumen de compras donde se constata que el 80% de la CN se consigue con el 20% de los clientes.

Patrocinio: (1) Marketing directo: técnica que consiste en solicitar a los clientes actuales que consigan nuevos clientes. O simplemente designar a una o varias personas susceptibles de estar interesadas por la misma oferta. (2) Publicidad: apoyo financiero para sostener una obra. Por extensión, el patrocinio de emisiones televisadas es una compra de espacio fuera de las pantallas publicitarias.

PCN - PCR (P): Prensa Cotidiana Nacional y Regional.

Peg-board (D): tablero perforado donde se colocan los pasadores para presentar los productos.

Penetración (estrategia de): política de precios bajos utilizada en la etapa de introducción de CUP para conseguir un volumen de ventas elevado del producto.

Penetración (P): porcentaje de personas afectadas por una acción en relación con el objetivo.

Periódico de empresa: (1) Interno: periódico de información y de enlace entre los empleados de una empresa. (2) Externo: periódico de información para los clientes y consumidores.

PERT (*Programm Evaluation and Review Technic*): método de planificación que permite visualizar, por una red, los cuellos de botella, los atascos y los caminos críticos.

PGC: Productos de Gran Consumo.

Phoning (MD): ver Prospección telefónica.

Pictograma (P): dibujo sencillo para evocar visualmente determinados conceptos. Sinónimo: ideograma.

Pie (de foto o dibujo) (P): a pesar de (o gracias a) su pequeño tamaño, es la parte más leída de un documento impreso después del título y las entradillas.

Piloto (E): ensayo de un cuestionario, de un argumento, en un pequeño número de personas para efectuar las últimas modificaciones.

Pioneros: son los usuarios precoces de un producto innovador. Representan el 10% de la población.

Plan de campaña (P): conjunto organizado de acciones de comunicación, cada una de las cuales tiene un subobjetivo concurrente a la realización del objetivo principal.

Plan de comunicación (P): programa de utilización de medios publicitarios para alcanzar el objetivo de comunicación fijado en el plan de marketing.

Plan de marketing (M): informe explicativo de los objetivos, y la justificación de los medios para alcanzarlos. Se explican las estrategias y se las convierte en tácticas de acción, con sus resultados previstos. La rentabilidad es el objetivo del plan de marketing y cualquier acción recomendada aporta su granito de arena a la montaña de la rentabilidad.

Planificación de medios (P): la ciencia de la elección y la dosificación, en el tiempo, de los diferentes medios a fin de obtener la máxima eficacia sobre el objetivo, con un presupuesto dado.

PNL (Programación Neurolingüística) (C): método de observación y de interpretación de las reacciones de su interlocutor, para actuar en consecuencia. La PNL sucede al análisis transaccional.

Política de precios (M): manera de establecer un precio de venta (en comparación con la competencia, con el coste de producción, con la voluntad de los consumidores) y más generalmente, las condiciones de tarifa (parrilla de descuentos, concesión de descuentos diferidos, descuentos por cantidad).

Pop-up: mensaje que aparece, por medio de un sistema de pegado o de muelle, utilizado en el marketing directo.

Posicionamiento (M): expresa la forma en que se desea que el público objetivo perciba al producto y a la marca. Cuando inicialmente se hace mal, la empresa intenta volver a posicionar el producto o lo retira de la venta. Es necesario medir periódicamente el desfase entre el posicionamiento deseado y el posicionamiento percibido por el consumidor.

Post-test (E): medida del impacto de una campaña, especialmente en términos de memorización, de relación con la marca y de intención de compra.

PPV (P): Publicidad en el Punto de Venta. Reemplazada, cada vez con mayor frecuencia, por la IPV a solicitud de los distribuidores, que prefieren una información general sobre el mercado y sus segmentos, en lugar de sobre las marcas.

PreAO (Presentación Asistida por Ordenador): programa informático que permite realizar documentos (diapositivas, transparencias, papel) para que sirvan de apoyo visual a una reunión.

Precio de coste (D): precio neto una vez deducidos todos los descuentos. No se deducen las primas de fin de año y los descuentos que no figuran en la factura. La venta por debajo del precio de coste (*dumping*) está prohibida.

Precio de fábrica: precio de venta de un producto sin gastos de comercialización y de inversiones publicitarias.

Precio de reclamo (D): precio bajo en ciertos artículos a fin de generar una atención e interés y, eventualmente, vender otros artículos con más margen.

Precio «mágico»: 99, 199, 1.999, etc.

Precio psicológico: es el equilibrio entre un precio demasiado alto y no justificado (por la calidad, la marca) y un precio demasiado bajo que despierta sospechas con respecto a la calidad.

Prescriptor (M): persona que, con frecuencia, forma parte de los objetivos prioritarios de comunicación por su capacidad de influir en el comportamiento de los usuarios y consumidores. Médicos, arquitectos, profesores y también líderes de opinión en los distintos mercados.

Press book (P): clasificador de presentación utilizado por los creativos para mostrar sus mejores trabajos.

Presupuesto base cero: principio de cálculo del presupuesto en comparación con el mínimo necesario. Al contrario que el presupuesto de valor absoluto, el presupuesto base cero diferencia los elementos recurrentes de los excepcionales.

Presupuesto de marketing (M): gastos de marketing, calculados en relación con las acciones a realizar y los resultados esperados. Esta cifra se expresa, casi siempre, en porcentaje de la cifra de negocio.

Presupuesto de ventas: (1) Marketing: cálculo de la cifra de ventas anual con las últimas previsiones de ventas conocidas. (2) Comercial: cuota que cada vendedor debe alcanzar para conseguir su objetivo y obtener una prima.

Pre-test (E): medida de la calidad –impacto, reconocimiento, satisfacción, comprensión, credibilidad– de un mensaje, antes de la salida de la campaña. El abuso de los tests previos puede llegar a convertir la creación en estéril.

Pre-test, post-test de campaña: consulta al público del objetivo antes y después de una campaña de publicidad, a fin de medir las diferencias, principalmente en términos de notoriedad y de imagen de la marca.

Previsión de ventas (M): estimación de los pedidos entregados (salida de *stock*) hecha generalmente por marketing y basada en las informaciones de los vendedores, de los datos pasados y del conocimiento del mercado y de las acciones futuras.

Prima (PV): objeto, servicio, descuento o ventaja entregada gratuitamente con ocasión de una promoción.

Prima diferida (PV): el regalo se recibe después de la compra y del envío de las pruebas de compra.

Prima directa (PV): el regalo se recibe en el momento de la compra.

Prime-time (P): horario de gran audiencia. En la radio, de 7 a 9 de la mañana, y en la televisión de 20.30 a 22.30 horas (precedido por el *day-time* y seguido del *night-time*).

Primer precio: producto generalmente sin marca vendido a un precio muy bajo. Los productos de esta clase constituyen la base del surtido de las grandes superficies con las MDD.

Producto (M): bien o servicio ofrecido por una empresa al mercado. El producto comprende el bien o el servicio en sí mismos pero también su acondicionamiento, su posicionamiento y todos los servicios anexos que se le añaden (asistencia, entrega, cambio, financiación). Los productos se clasifican en PGC, equipamientos, bienes duraderos, bienes de producción, ocasionales.

Productos de marca «blanca» (M): (1) grandes electrodomésticos (lavadoras, neveras, equipos de cocina). (2) Distribución: productos genéricos que se venden con el nombre del distribuidor.

Programa PIMS (*Profit Impact of Marketing Strategy*): programa de investigación norteamericano iniciado por General Electric, con la finalidad de conocer las implicaciones del marketing en el beneficio de la empresa.

Promoción de ventas: conjunto de acciones que empujan al comprador hacia el producto.

Promoción jirafa (PV): oferta de una cantidad suplementaria de producto (por ejemplo, un 20% de más).

Propuesta de nuevo producto (E): plan económico para un nuevo proyecto.

Proyectivo (test) (E):

Prototipo (M): maqueta de un nuevo producto utilizado con fines de investigación.

Proyectivo (test) (E): entrevista a base de fotos o ilustraciones para evitar la utilización del lenguaje y de las palabras que crean distorsión (por ejemplo el TPT, test de percepción temática, es un test proyectivo).

Prueba alfa (E): prueba para comprobar el prototipo de un nuevo producto de la empresa para detectar los posibles defectos antes del lanzamiento.

Prueba beta (E): método para probar el prototipo de un nuevo producto para eliminar posibles defectos antes del lanzamiento, simulando situaciones reales en el mercado.

Publicidad (P): conjunto de medios que concurren a ejercer una acción sobre un público objetivo a fin de cambiar su comportamiento.

Publicidad estática (P): medio de promoción de masas, sin otra selectividad que la geográfica; comprende también los autobuses, las paradas de autobús, los paneles permanentes. «El cartel es un telegrama que salta a la vista», P. Colin.

Público objetivo (M): segmento de población homogénea con uno o varios criterios comunes (edad, profesión, lugar de residencia...), elegido por la empresa como destinatario principal de la oferta o del mensaje.

Publirreportaje: espacio publicitario adquirido al precio normal en un soporte, el cual garantiza la redacción del anuncio. Estos anuncios deben llevar la mención «publicidad», y no deben ser confundidos con el «texto» que puede seguir a un comunicado de prensa y que es la opinión de un periodista imparcial.

Pull/Push: estrategias que consisten en empujar (Push) el producto a las manos del consumidor (por ejemplo, por medio de la promoción de ventas) o de atraer (Pull) al consumidor hacia el producto (por ejemplo, por medio de la publicidad).

Rack jobber: persona empleada por un distribuidor o un fabricante para colocar los productos en el departamento a la hora de las reposiciones diarias.

Reconocimiento (E): capacidad de una marca, de un logo, o de un mensaje, de evocar un producto o una función precisa.

Reengineering: método de gestión que preconiza la completa reinvención de las funciones de la empresa.

Referenciado: acción de presentar una oferta a un responsable de compras para tener el derecho de figurar en sus listados y vender los productos en sus tiendas.

Regalo de empresa (C): objeto o servicio (vacaciones, billete de avión, entradas para un espectáculo) ofrecido por una empresa en cantidad limitada, no deducible fiscalmente y que no lleva ningún mensaje.

Regalo publicitario (PV): objeto de poco valor (fiscalmente deducible hasta un determinado límite) que es obligatorio que lleve la marca, logo o mensaje publicitario.

Regresión técnica estadística que permite medir si dos fenómenos están relacionados.

Relaciones públicas (P): tipo de comunicación institucional con los prescriptores (periodistas, líderes de opinión, políticos...).

Reposición (D): aprovisionamiento del departamento en función de las cantidades vendidas, según una cadencia indicada previamente o dependiendo de las referencias vendidas.

Responsable de grandes cuentas (C): directivo comercial encargado de los clientes importantes.

Responsable de prensa (P): persona o empresa encargada de las relaciones con los periodistas. Un (una, con mayor frecuencia) responsable del gabinete de prensa que puede ser interno o externo a la empresa.

Restos: remanente de ejemplares no vendidos en el caso de la prensa, que se destruyen.

Retroproyector: elemento esencial en cualquier reunión; los soportes luminosos permiten proyectar en mayor tamaño lo que aparece en la pantalla de un ordenador.

Rotación de stocks (D): ratio de gestión que indica el número de veces que se ha vendido el *stock*. La diferencia entre la rapidez de la venta del *stock* y los plazos de pago constituye el ingreso principal de las grandes superficies.

Rought (P): boceto.

Royalties (P): Canon pagado al propietario de una marca, en el marco de un contrato de licencia, de una franquicia o de la explotación de una patente.

Rúbrica (P): frase que retoma al final del mensaje los argumentos importantes, la misión y las características esenciales de la empresa.

Salida de caja (D): *displays* situados entre las cajas de salida de las grandes superficies para generar las compras por impulso.

Scanner: (1) Distribución: sistema de lectura de códigos de barras de 11 ó 13 cifras por medio de lápiz óptico, lector fijo o cualquier otro medio de esta clase. (2) Cadena de producción gráfica: aparato de análisis numérico de una imagen y descomposición en los cuatro colores básicos.

Screening (M): método de evaluación, por medio de una serie de filtros, antes del lanzamiento de un producto.

Segmentación (M): desglose de la población con unos criterios predefinidos, con la finalidad de formar unos grupos bien diferenciados entre sí. Para poder utilizar el segmento, este debe ser accesible, medible y rentable.

Segmentación de mercado (M): subdivisión de un grupo de clientes potenciales en subconjuntos más pequeños y más homogéneos.

Segmento (de mercado) (M): división del mercado en relación con un objetivo o una utilización. En el mercado de los dentífricos existe el segmento de dentífricos infantiles (o antisarro).

Selección cruzada (MD): principio de base de explotación de encuestas.

El número de personas que hayan contestado sí (o X) a dos preguntas.

Sell in (D): venta del fabricante al distribuidor (lo que entra en el *stock* del comercio).

Sell out (D): venta del distribuidor al consumidor (lo que sale del *stock* del comercio).

Servidor/Terminal interactivo (MD): parte de un ordenador accesible a los transeúntes, que ofrece respuestas sobre un tema concreto (consejos de compra, orientación dentro de una tienda, la presencia de un expositor en un salón...). Es la PPV moderna.

Single source: principio de ascenso de información procedente de una sola fuente para comprender mejor los fenómenos de interdependencia entre la publicidad, el precio del producto, la clase de punto de venta y la zona geográfica. Este método de encuesta es posible gracias al desarrollo de la informática de salida de caja.

Size impresion: falsa impresión de gran tamaño.

Slogan (P): etimológicamente significa grito de guerra. El eslogan es la fórmula de choque para difundir las ventajas de una marca, de un producto, de un político o de cualquier otra cosa.

Sondeo (E): encuesta cuantitativa sobre una muestra representativa de la población, cuyo resultado puede ser extrapolado a la población total con un intervalo de confianza. Las respuestas se recogen por entrevista personal, por teléfono, por correo...

Sorteo (PV): técnica de promoción de ventas basada en el azar.

Sourcing: política de compra mundial «al precio más económico». Por extensión, el *out-sourcing* consiste en hacer en el exterior lo que se hace, o podría hacerse, en la empresa, con la ventaja de la flexibilidad.

Split run test (P): prueba, en caso de duda entre dos anuncios diferentes para una misma campaña de publicidad, que consiste en insertar las dos creaciones en una revista y preguntar a los lectores respecto a la memorización. Lo mismo puede hacerse con los mensajes de marketing directo.

Sponsoring: ver Patrocinio.

Sticker: ver Autoadhesivo.

Store check (detalle del lineal) (D): acción de visitar los puntos de venta a fin de extraer ciertas informaciones (precios, cantidad de *facing*, disposición...).

Storyboard (P): descomposición plano a plano de una película con todas las indicaciones de la interpretación de los actores, efectos especiales y diálogo. Se parece a una tira de dibujos.

Supermercado (D): Comercio de venta al detall en autoservicio cuya superficie está comprendida entre 400 y 2.500 m². El número de referencias vendidas está comprendido entre 3.000 y 5.000.

Supermercado (D): punto de venta de menos de 400 m², en autoservicio, con un surtido limitado en los departamentos de bazar, textil y alimentación.

Surtido (D): lista de productos propuestos para la venta, más o menos larga según la política del comercio.

Sweepstake (PV): Lotería, sorteo entre los poseedores de un boleto o cupón.

Tasa de ascenso (MD): la tasa de ascenso da una indicación del éxito de una operación de marketing directo, que es preciso confirmar por medio de la tasa de transformación en compra.

Tasa de marca (D): margen de un distribuidor entre su precio de compra neto al fabricante (con todos los descuentos deducidos) y su precio de venta al consumidor (impuestos no incluidos).

Tasa de penetración: (1) Consumo: número de usuarios reales en comparación con el número de usuarios potenciales. (2) Comunicación: número de personas expuestas al mensaje en comparación con el objetivo deseado.

TAT (*Thematic Apperception Test*): ver Test proyectivo.

Teasing (P): mensaje entregado en dos tiempos; el primero provoca (*to tease*), el segundo informa.

Telemarketing (MD): utilización del teléfono para las encuestas de opinión, las calificaciones de ficheros, la venta directa, la concertación. En términos de coste y eficacia, la prospección telefónica se sitúa entre la visita y el envío por correo.

Territorios de marcas: define el potencial de desarrollo de la marca desde el punto de vista de los consumidores. Cuanto más estrecho es el territorio de la marca, más debe concentrarse la marca en su especialidad, sin buscar la diversificación.

Test de aceptabilidad (E): método de comprobación, durante la concepción de un producto, para saber si la propia idea satisface ciertas expectativas del consumidor objetivo. El test de aceptabilidad forma parte de una serie de filtros antes del lanzamiento de un nuevo producto.

Test de aceptabilidad: ver test de concepto.

Test de concepto: evaluación de un producto antes de su fabricación, en términos de utilidad, precio, aceptabilidad, intención de compra. Es útil para determinar un posicionamiento óptimo.

Test de frustración (de Rosenzweig): ver Test proyectivo.

Test de Mercado (M): método de prueba, antes de un lanzamiento importante, que intenta crear las condiciones de mercado lo más cercanas posible a la realidad. El producto se encuentra disponible en las tiendas reales, la publicidad se realiza en medios locales, los consumidores tienen un comportamiento de compra que permite extrapolar las cuotas definitivas de mercado.

Test de tortura (E): situación extrema ideada para probar la eficacia de un producto.

Test proyectivo: método de conducción de una entrevista basado en la investigación cualitativa donde se proponen al entrevistado unos dibujos, fotos o formas no estructuradas. Los entrevistados proyectan en las imágenes su propia personalidad y proporcionan más fácilmente la información buscada. El TAT y el test de frustración utilizan esta técnica.

Test semiológico: test sobre la evocación de lo escrito. Se utiliza principalmente con los nombres de marca.

Test sensorial: test utilizado para recoger informaciones sobre el aspecto, color, gusto, sonidos y demás elementos del producto. Por ejemplo: el ruido «sordo y tranquilizador» de una portezuela de coche o la textura «suave y sedosa» del embalaje de un producto cosmético.

Texto (P): desarrolla la argumentación en un anuncio, debe estar en armonía con la estrategia. Los textos largos hacen vender, los textos cortos hacen soñar.

Tipografía (P): arte practicado por algunos artesanos irreductibles (Typogabor, SGC) desgraciadamente olvidados en los caminos de la composición rápida por ordenador.

Tipología: agrupación de personas que tienen el mismo comportamiento; el punto de partida es el individuo, contrariamente a la segmentación, en que el punto de partida es un criterio *predeterminado* del comportamiento.

Título (P): elemento fundamental de una comunicación escrita, que inventa el diseñador-redactor. Un buen título aumenta sensiblemente el número de lectores del texto.

TPV (Terminal Punto de Venta) (D): ordenador que permite las operaciones de facturación, de conexión y, sobre todo, de estadística.

Tracking (E): seguimiento continuo de la imagen de las marcas, por medio de encuestas periódicas a los públicos objetivos de la empresa. Sinónimo: observatorio.

Trade marketing: nuevo componente del marketing en que todos los esfuerzos se orientan hacia el distribuidor. Comprende las promociones de distribuidor, la logística, la publicidad compartida, la EDI o IDI.

Tráfico (D): número de personas que entran en un punto de venta.

Tren (P): descomposición de un folleto, de una revista en tantos esquemas como páginas, a fin de tener una visión global.

Turn-over: volumen de ventas o de facturación.

USP (Unique Selling Proposition)(M): técnica publicitaria consistente en comunicar sólo una ventaja del producto cada vez.

Usuario: consumidor del producto o del servicio. Con frecuencia es distinto del comprador.

Valor añadido del producto (M): beneficio que el consumidor obtiene de la utilización del producto. Ha de ser diferente del de la competencia y lo suficientemente atractivo para hacer cambiar su comportamiento.

Varianza (E): es la amplitud de la fluctuación en relación con la media, utilizada entre otras cosas para las previsiones de venta. Cuanto mayor es la varianza, menos significativa es la media (sinónimo: covarianza o desviación tipo).

Veblen (M): efecto de elasticidad de precio positivo, descrito por Thorstein Veblen. Cuanto más caro es un producto, más se vende. Es un efecto del esnobismo, que también se denomina comportamiento ostentoso.

Venta a domicilio (C): método de venta a particulares donde el acto de compra concluye en el domicilio del consumidor.

Venta con pérdida: práctica prohibida (salvo que una autoridad lo apruebe debido a cese de actividad u obsolescencia). Ver precio de coste.

Venta cruzada: venta de productos distintos a un mismo cliente.

Venta directa (C): venta en la que existe un contacto físico entre el comprador y el fabricante (a través de un representante o agente comercial).

Verbatim (E): exposición integra de los comentarios de los entrevistados.

Vídeo: sistema de reproducción cuya utilización es cada vez más fácil, gracias al montaje por ordenador con generación de efectos especiales. Los documentos multimedia son grandes consumidores de vídeo.

Vocación: Misión básica de la empresa.

VPC (Venta Por Correspondencia)(D): acostumbra a estar englobada en la venta a distancia con la utilización del ordenador, la televisión o el teléfono.

Winner per store (PV): promoción de tienda consistente en un sorteo que ofrece a los ganadores lotes de productos.

Zona fría (caliente)(D): partes de una tienda clasificada según tasa de frecuencia por los clientes.

CÓMO CREAR EMPRESAS RENTABLES

A: Miguel Cañadas

F: 16x22   **P:** 208   **ISBN:** 8480881364

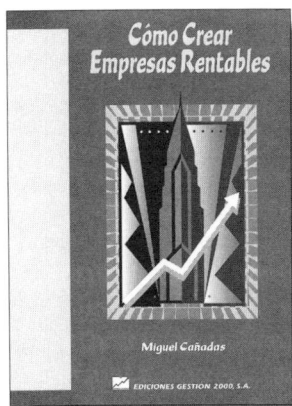

Este libro está dirigido a todo aquel que quiera crear su propia empresa. Es un libro práctico, fruto de muchas horas de trabajo del autor como asesor de empresas y asesor de inversiones de un grupo empresarial, de haber sistematizado y racionalizado dicha experiencia convirtiéndola en cursos de formación para directivos, y de muchos meses de replantearse el porqué de los éxitos y los fracasos en la creación de empresas, y cómo sistematizar lo descubierto.

CONTABILIDAD CREATIVA

A: Oriol Amat - John Blake

F: 16x22,5   **P:** 168   **ISBN:** 848088147X

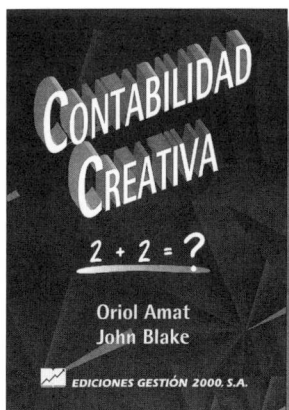

Este es un tema de gran actualidad en todo el mundo. La contabilidad creativa consiste en preparar las cuentas de las empresas teniendo en cuenta los vacíos que pueda tener la normativa existente, además de la posibilidad de elección entre diferentes criterios de valoración autorizados.

En este sentido, es importante destacar que la contabilidad creativa actúa dentro del marco de la legalidad vigente.

Este libro, que expone y analiza las principales técnicas de contabilidad creativa, es una obra útil para comprender las dimensiones y las limitaciones de la información contable. Por todo ello, se considera imprescindible para toda persona de empresa: desde los accionistas hasta los analistas bancarios, pasando por todos los empleados sin distinción del cargo que ocupen.

LA GESTIÓN EN UN TIEMPO DE GRANDES CAMBIOS

A: *Peter Drucker* **F:** 13x19 **P:** 320 **ISBN:** 8435014517

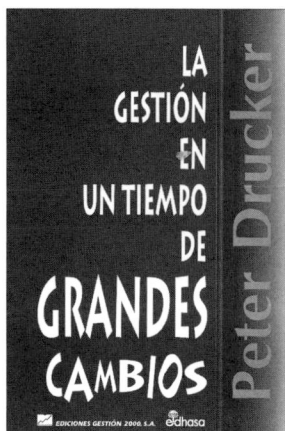

Los cambios producidos sin que nadie haya sido capaz de predecirlos, o erróneamente previstos, afectan irremediablemente al ejecutivo y a su papel en el complejo mundo de la empresa. La gestión del cambio es una cuestión que se ha convertido, indudablemente, en la principal preocupación del pensamiento económico en los años noventa. Peter Drucker, sin duda uno de los más notables e influyentes especialistas en el mundo de la empresa, propone a través de sus ensayos originales y de sus artículos una serie de relevantes consideraciones sobre esta cuestión. Una información que, como ya es habitual, resulta de especial trascendencia para todos los ejecutivos y estudiantes.

CÓMO SER EL MEJOR LÍDER

A: *Michael Langdon* **F:** 16x22 **P:** 176 **ISBN:** 8480880473

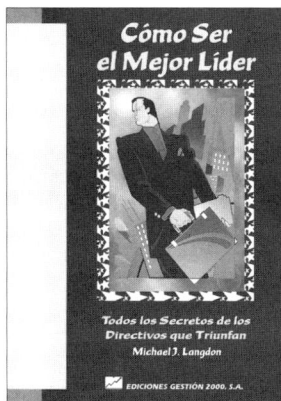

Para dirigir eficazmente, ante todo hay que comprenderse a uno mismo. Este libro contribuye a lograr esta comprensión para que a continuación se aplique a su estilo personal de dirección y liderazgo. Cómo ser el mejor Líder le proporcionará ideas que provoquen su reflexión y que sirvan para evaluar y modificar su estilo de liderazgo. En esta obra se destacan las relaciones interpersonales entre los jefes y sus subordinados, y está pensada para que disponga de unas ideas sencillas y claras que cambien la forma de trabajar con sus colaboradores. También incluye un modelo de chequeo que le permitirá medir su estilo de dirección y determinar su impacto de liderazgo.

NOVEDAD